现代化学校
教育生态建设

张超◎著

中国出版集团
中译出版社

图书在版编目（CIP）数据

现代化学校教育生态建设 / 张超著. -- 北京 : 中译出版社, 2024.10. -- ISBN 978-7-5001-8091-3

Ⅰ. G40-056

中国国家版本馆 CIP 数据核字第 2024EE4780 号

现代化学校教育生态建设
XIANDAIHUA XUEXIAO JIAOYU SHENGTAI JIANSHE

出版发行：	中译出版社
地　　址：	北京市西城区新街口外大街 28 号普天德胜大厦主楼 4 层
邮　　编：	100088
电　　话：	010-68002876
电子邮箱：	book@ctph.com.cn
网　　址：	http://www.ctph.com.cn

责任编辑：张　旭
特约编辑：臧亚男

印　　刷：	三河市国英印务有限公司
经　　销：	新华书店
规　　格：	710 毫米 × 1000 毫米　1/16
印　　张：	10.25
字　　数：	106 千字
版　　次：	2024 年 10 月第 1 版
印　　次：	2024 年 10 月第 1 次

ISBN 978-7-5001-8091-3　　　　定价：68.00 元

版权所有　侵权必究
中　译　出　版　社

本书系北京市教育科学"十四五"规划2022年度优先关注课题"中小学课后服务提质增效研究"（立项编号：CGEA22006）的研究成果之一。

序 言

自从 2019 年出版《平台教育理念：寻找并成就属于自己的人生》一书以来，我在教育和学习实践中都会有意无意地运用"平台教育理念"，因此又积累了不少零星的思考。恰逢 2021 年中共中央办公厅、国务院办公厅印发《关于进一步减轻义务教育阶段学生作业负担和校外培训负担的意见》，"双减"政策正式实施，让我的很多思考得以在更大范围内落地实践。借助学校的力量，我于 2022 年申请到了北京市教育科学"十四五"规划优先关注课题"中小学课后服务提质增效研究"（立项编号：CGEA22006），希望能够从教育理念层面、学校组织层面、课程建立层面三个角度做一些探索，为"课后服务提质增效"，让课后服务真正成为助力学生成长、发展的阵地，切实地做一些工作。

本书是课题研究中学校组织层面探索的一个小的研究成果，是基于"政策理论学习 + 创新探索思考 + 实地实例尝试"而产生的一些思考。"政策理论学习"让我们清晰明确地意识到未来教育的方向是中国教育现代化，而中国教育现代化的建设过程离不开"中国式现代化探索"和"教育生态视角"两个方面的发力，也因此，我们将本书命名为《现代化学校教育生态建设》；"创新探索思考"代表了我们实践探索的态度，在对"现代化"和"教育生态"做深入学习的基础上，结合实际工作需要，我们努力思考、努力创新，希望通过努力，建构出一个中学组织级别的中国教育现代化小范例，为中国教育现代化建设做一些实事；"实地实例尝试"则是落在了"做"的层面上，在北京师范大学附属实验中学（以下简称北师大实验中学），依照对教育现代化的理解和对学校教育生态的思考，我们切实地做了一些探索尝试，并且也取得了一些小成果。在本书的最后一章，我们拿出了几个在实际工作中思考、探索的实例，作为阶段性的总结。我们深知，在中国教育现代化的道路上，我们才刚刚起步。

由于水平有限，书中难免存在不足之处，期待朋友们批评、指正。

目 录

第一章　现代化和教育现代化的界定　　001
　一、界定现代化　　001
　二、界定教育现代化　　015
　三、中国教育现代化的目标与战略任务　　022

第二章　现代化学校的特征　　028
　一、学校现代化实践视域下的教育目的　　029
　二、现代化学校（中学）的特征　　040

第三章　现代化学校教育生态建构的本质性思考　　047
　一、从教育生态学的视角思考"什么是学校教育生态"　　047
　二、怎样的学校教育生态建构可以促进教育现代性不断
　　　增长和实现　　054

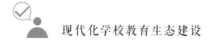

第四章　北师大实验中学在进行现代化学校教育生态建设时的一些探索　078
一、学校组织结构改革　081
二、学校学生教育指导层面的顶层设计思考
（即学校德育层面的顶层设计思考）　085
三、学校课程教学评价层面的顶层设计思考　105
四、学校教育教学具体工作实施层面的思考　121

附录1
北师大实验中学学生日常习惯养成教育教学指导标准　128

附录2
北师大实验中学教育活动方案（模板）　130

附录3
北师大实验中学各学段、各阶段的关键节点目标、关键节点成果指标、关键节点教育教学指导策略　132

附录4
北师大实验中学社会实践活动课程方案　146
一、课程目标　146
二、课程设置　148
三、课程内容确定的原则　153

第一章 现代化和教育现代化的界定

一、界定现代化

从起源上看,"现代化"一词来自西方。20世纪50年代,西方学者从发展经济学、发展社会学和发展政治学等角度提出现代化问题,现代化理论本质上是发展理论的一个分支。现代化理论关注的主要对象不是发达国家而是发展中国家,企图为发展中国家的现代化指一条明路。这种理论认为西方世界代表了世界发展的正确方向,处于人类发展的高级阶段,发展中国家的发展目标就是达到西方国家已达到的发展水平,亦即西方国家是发展中国家的榜样,西方国家的今天就是发展中国家的明天。这样的描述带有强烈的西方中心主义倾向,在如此的西方语境中探讨我们今天所说的中国的现代化、中国教育的现代化,显然是不合时宜的。

为了让现代化这一概念更适切中国的语境,更适合我们当下教育的需要,对其进行普遍化意义的界定是很有必要的。现代化的概念应该普遍化，不局限于特定的地域、空间和发展价值观，只有这样，现代化和教育现代化才能既可作为教育发展的愿景目标，又可作为分析教育发展问题的工具，使现代化理论和教育现代化理论具有更大的包容性。

现代化的英文为modernization，其词意是"转变成为现代"（to make modern）。现代化就是指某种社会形态转变为现代社会的过程与结果。现代化是一个复杂的历史发展过程，它不局限于社会生活的某一个领域，而是包括社会生活的一切基本方面（教育现代化是现代化的一部分，是属于基底层面很重要的一部分）。

本书并非关于现代化的研究论著，所以此处仅对我国学术界流行的主要观点做一综述，作为本书界定现代化和教育现代化的依据。

我国的现代化研究既受西方研究的影响，也具有中国的特色，大致说来，我国学术界的流行观点主要有以下几种。

（1）现代化概念有广义和狭义之分。广义而言，现代化作为一个世界性的历史过程，是指人类社会自工业革命以来所经历的一场急剧变革，这一变革是以工业革命为推动力，导致传统的农业社会向现代工业社会全球性大转变的过程，以及由此引起的经济、政治、文化、思想各个领域深刻变化的过程；狭义而言，现代化是第三世界落后国家赶超西方发达国家的过程，即第三世界后发国家在现代国际经济体系影响下，充分利用后发优势，采取适合自己的高效率途径，通过有计划地改造经济技术和学习外国先进经验，带动广泛的社会改革，加速实现向现代工业社会的转变，从而迅速缩小同发达国家的差距和适应环境的发展过程（罗荣渠，1993）。

（2）现代化与社会转型是同义语，意指社会从传统向现代的转变过程。这个过程就是"从农业的、乡村的、封闭的、半封闭的传统型社会，向工业的、城镇的、开放的现代型社会的转型"（郑杭生 等，1997）。这是一种"农业—工业"二分范式的现代化理论。《中国大百科全书·社会学》也持同样的观点，认为传统社会和现代社会是相互排斥的，由传统向现代演进的过程就是现代化。

（3）现代化的关键是人的现代化。"现代化是世界性的以工业文明代替农耕文明的过程，是从传统的自然经济为基础的社会形态向以商品经济为基础的社会形态的转变，它包含着社会物质文明、制度文明和精神文明的现代转型，标志着人的物质生活、社会生活、精神生活所达到的现代水平。从这个意义上说，社会主义现代化建设，归根到底是社会主义现代化人的建设，人的现代化是社会主义现代化的终极目的。"（罗归国，1999）

（4）现代化既是人类社会的发展过程，也是发展目标。作为过程，现代化是指人类从传统社会向现代社会的转变；作为目标，系指在某一历史时期人类向理想社会迈进所能达到的最佳状态，或在某一历史时期人类进步所能达到的先进模式。概括起来就是，"现代化可以看作经济领域工业化、政治领域民主化、社会领域城市化以及价值观念领域理性化的互动过程，这种转变的动力从根本上来说是产生于人类在科学革命的推动下所获得的空前增长的知识，从而不断增强对环境的控制能力"（周毅，2003）。

（5）现代化有不同的发展阶段，当前世界正处于第二次现代化阶段。何传启指出，从农业时代向工业时代、农业经济向工业经济、农业社会向工业社会、农业文明向工业文明的转变过程是第一次现代化，从工业时代向知识时代、工业经济向知识经济、工业社会向知识社会、工业文明向知识文明的转变过程是第二次现代化。何传启把"农业文明—工业文明—知识文明"的三分范式作为划分现代化阶段的坐标，突出地指出了在第二次现代化阶段中，知识创新将起到决定性的作用（王浩斌、王飞南，2004）。

本书对现代化的理解，以广义的现代化概念作为界定基础，认为现代化是指文艺复兴以来特别是工业革命以来人类社会所发生的整体性的、走向现代社会的变迁过程。从时间维度来看，这个变迁过程有起点而没有终点，现代化进程不会终结于一个具体的历史时段如后工业社会、信息化时代或者知识经济时代，所谓"二次现代化""后现代化"等不过是现代化整体进程的一个阶段。从空间上来看，现代化席卷全球，任何一个国家在现代化浪潮中都无法置身事外，现代化的先行国家也面临继续现代化的问题。从内容上来看，现代化涉及经济、政治、文化、教育等诸多层面的发展与变革，是诸多因素交互作用、极其复杂的社会运动。从发展模式来看，现代化本质上没有固定的、单一的、线性的发展模式，不仅发达国家与发展中国家不同，西方与东方不同，而且西方诸国也不同，现代化模式具有多样性和差异性，那种单一模式论、西化论的观点是片面的。现代化的本质是现代性的增长。现代化即现代性增加和扩展的过程，现代化的结果就是现代性的实现。

基于以上的理解，在进一步论述教育现代化相关界定基础之前，请允许我就人的现代化、社会的现代化和中国的现代化做一些补充性阐释，以便使本书有关现代化的论述更加清晰。

（一）人的现代化

我们认为人的现代化是现代化的核心与关键，更是教育现代化的目标定位与终极归宿。人的现代化本质指向"个体现代化"，即个人的现代性发生、发展的现实活动，包括个人的价值观念、思想道德、知识结构、行为方式由传统性向现代性的转变，是个人由传统人向现代人的转变（郑永廷 等，2006）。

一般意义上，对个人的现代性最基本的解读是：（1）追求理性；（2）崇尚科学；（3）在两者基础上构建的现代文明，被相信可以保证自由、平等的社会关系。即从"自我"（理性追求为基础的自我建立）、"认知"（科学崇尚为核心的认知构建）、"人际"（自由平等为原则的社会关系）角度建立的现代性逻辑（以"21世纪素养"为基点构建的人的现代性）。我更愿意运用"终身学习的五大支柱"建立个人的现代性，从动态"学会"的角度构建人的现代化的解释，即人的现代化过程，是一个持续生长、持续改进、持续适应的过程，其现代性表现为永无止境地生长。具体表现为：能够持续地学会认知（求知），学会做事，学会合作（共处），学会生存（与发展），学会改变。

从现代性过程的角度来思考，现代人的典型特征就是"个人主体性和合作性的不断加强"。现代人的主体性表现为积极性、自主性、创造性。积极性意味着积极向上、自强不息、开拓进取、奋发有为；自主性意味着能够独立思考，有主见，不盲从；创造性意味着不墨守成规，充满创新意识，具有创新能力，并通过创新性的行为改造世界。现代人的这些主体性有助于适应和促进现代社会的发展。现代人的合作性表现为集体意识、团队协作、社会责任感。集体意识体现在个体认识到自己是社会大家庭中的一员，愿意为了集体的利益而贡献自己的力量。团队协作则是指个体在现代社会中，往往需要与他人合作，通过团队的力量来完成更为复杂的任务和项目，在完成这些任务和项目时更加注重团队合作，懂得与他人合作共赢，共同实现目标。社会责任感则是指现代人意识到自己作为社会成员的责任，不仅仅是对自己的行为负责，也是对他人和社会负责，这种责任感促使其在追求个人发展的同时，也关注社会的进步和公共利益。这些主体性和合作性的特征相互促进、相互补充，使现代人既能够保持个体的独立性和创造力，又能够在集体中发挥协作和团队精神，共同推动社会的进步和发展。在现代社会中，个人主体性和合作性的不断加强，是现代性进程的重要表现之一，也是现代社会持续发展的重要动力之一。

尽管人的现代性表现为一组特征，有许多维度，但就目的层面而言，一切社会存在的价值都在于提升人的主体性，进而在主体性的基础上发展出人的合作性，让人自由地生存、理性地生存，自由地合作、理性地合作。在一个社会中，只有当人的主体性能够得到弘扬，积极性、自主性、创造性能够充分发挥，人的理性潜能与本质能够得到充分的展示，人能够自由、安全、适意甚至诗意地生存，并在这样的生存基础上发展出适切的集体意识、团队协作和社会责任感，进而促进全人类的发展，这个社会才称得上是现代社会。

（二）社会的现代化

社会的现代化可以理解为：其既是人的现代化的背景支撑，又有人的现代化的外显结果。从历史发展的维度梳理，社会的现代化可分为两个阶段：从农业社会走向工业社会是第一阶段（下面称为社会现代化1.0）；从工业社会走向信息社会是第二阶段（下面称为社会现代化2.0）。

社会现代化1.0是指农业社会转变为工业社会的过程，即从农业社会的小农经济、君主专制、等级社会、宗教权威、神灵崇拜，走向工业社会的市场经济、经济工业化、人口城市化、政治民主化、管理科层制、社会法治化，以及社会分工细化、科学方法盛行与科技发展、重视经济成就与物质文明等。简言之，现代化就意味着工业化、市场化、城市化、民主化、科层化、法治化、科学化等。

社会现代化2.0肇始于20世纪60年代，彼时，从全球范围来看，后现代思潮产生，民权运动兴起，科技迅猛发展，信息化汹涌而至。20世纪60、70年代以后的社会被称为后工业社会、后现代社会、信息社会、知识社会等。

社会现代化2.0是全面的社会变迁过程，从外在形态来看，其最直观地表现为信息社会的到来。信息社会也称信息化社会，信息化的概念出现于20世纪60年代初,是指信息技术和信息产业在经济和社会发展中的作用日益加强并发挥主导作用的动态发展过程。信息化极大地改变了人们的工作方式和生活方式。在信息时代,知识和信息呈爆炸性增长,人类可以在前所未有的规模上进行信息收集、加工、传播和运用,从而使人类活动各方面表现出信息活动的特性。信息化也带来产业结构的调整、转换和升级,信息产业异军突起,迅速取代传统工业的位置成为国民经济的主导产业,有专家把信息产业从传统的产业体系中分离出来,称其为农业、工业、服务业之后的"第四产业"。

信息化的持续深入使人类社会日渐超越工业社会,而呈现出信息社会的基本特征。在农业社会和工业社会中,物质和能源是主要资源,而在信息社会中,信息成为比物质和能源更为重要的资源,以开发和利用信息资源为目的的信息经济活动迅速扩大,逐渐取代工业生产活动而成为国民经济活动的主要内容(李兴国,2007)。信息经济也被称为知识经济,实际上二者有密切联系也有一定区别,二者都是相对于农业经济和工业经济而言的崭新的经济形态,前者更强调把信息作为资源,后者更强调知识与技术创新,因为后者是指建立在知识的生产、分配和使用之上的经济。知识经济进一步强化了科学技术、科技创新对于经济发展的极端重要性。知识经济的关键是创新能力,而只有信息共享,才能高效地生产新的知识。

信息化还使全球化"加速",使"地球村"变得更小。全球化创造出了超越民族、国家的新型经济、社会和文化空间,使得组成世界共同体的国家或地区之间的相互作用、横向联系、相互依赖都大大强化。信息化大大提升了组成世界共同体的国家或地区之间相互作用、横向联系的频次与速度，大大加深了它们相互依赖的程度与深度。

社会现代化 2.0 不仅仅体现为信息化与全球化，在这个阶段，社会现代化 1.0 所呈现的工业化、市场化、城市化、民主化、科层化、法治化、科学化等特征不仅没有消亡，而且与时俱进，从全球来看，呈现出新的风貌：工业化与信息化融合发展，走向新工业化；自由放任的市场经济受到国家力量的约束，企业的社会责任被强调，环境问题受到关注，可持续发展理念深入人心，民主化进一步推进，妇女和少数族群获得更多政治权利，而且互联网为民主参与提供了新技术手段；为解决市场失灵和政府失灵，在传统政治民主（以选举与代议制为主要特征）之外，社会治理（基层、直接参与的新型民主）兴起（褚宏启，2014）；发达国家城市化进程已经完结，但智慧城市建设提上日程；借助于互联网、大数据和人工智能，人类的认识能力大大提升，创新能力增强，科技进步加速。

（三）中国的现代化（张卫东，2023）

"现代化的本质是人的现代化。"这一重要论断对于我们深入地系统地理解中国式现代化理论、推进新征程上的现代化实践，具有重要意义。中国式现代化理论与实践的探索历程，进一步拓展了马克思主义关于人的全面发展理论。中国共产党领导的中国式现代化，更充分彰显了以人民为中心的发展思想。

1. 以人本逻辑超越资本逻辑

拉长历史镜头，可以看出现代化是一个动态的历史过程。肇始于西方的资本主义现代化，曾对人类文明进步做出巨大贡献。这在很大程度上导致在相当长的历史时期，人们把现代化与西方化相提并论。从根本上来说，资本主义现代化的底层驱动力是资本逻辑。所谓资本逻辑，具体而言就是指资本存在、运行、作用、发展的规律和趋势。资本主义社会是资本驱动下的社会，资本主义现代化是资本驱动下的现代化。资本逻辑宰制的西方现代化模式，导致贫富两极分化、物质主义膨胀、对外扩张掠夺。在资本主义社会，人与物的关系产生了颠倒，不是人支配物，而是物支配人。回顾资本主义发展史不难发现，西方现代化的本质就是资本全球化的历史。

中国式现代化打破了"现代化＝西方化"的认知，展现了现代化的另一幅图景。党的十八大以来，我们党进一步深化了对中国式现代化内涵和本质的认识，概括形成了中国式现代化的中国特色、本质要求和重大原则，初步构建了中国式现代化的理论体系，深刻揭示了以人民为中心这个贯穿中国式现代化理论与实践的根本价值取向。超越西方现代化模式的资本逻辑，中国式现代化的本质是人的现代化，体现了人本逻辑。

中国式现代化是中国共产党领导的社会主义现代化。人民性是马克思主义的本质属性。始终同人民在一起，为人民利益而奋斗，是马克思主义政党同其他政党的根本区别。我们党是人民的党，除了国家、民族、人民的利益，没有任何自己的特殊利益，从来不代表任何利益集团、任何权势团体、任何特权阶层的利益。不谋私利才能善谋大利,从党的性质和根本宗旨出发,从人民的根本利益出发,全心全意为人民服务。中国式现代化坚持以人民为中心,将资本逻辑塑造的物统治人的关系纠正了过来。基于人口规模巨大的现实国情推进现代化,使14亿多人口整体迈入现代化社会,将彻底改写现代化的世界版图;追求全体人民共同富裕,坚持把实现人民对美好生活的向往作为现代化建设的出发点和落脚点,坚决防止两极分化,致力于消灭剥削和压迫;强调人与自然和谐共生,打破西方现代化资本逻辑塑造的人与自然的对立关系;坚定不移地走和平发展的道路,始终是世界和平的建设者、全球发展的贡献者和国际秩序的维护者,超越以实力抗衡为基础的丛林法则、霸权秩序,摒弃你输我赢、你死我活的零和逻辑。通过重构人与物的关系、人与人的关系、人与自然的关系,中国式现代化实现了以人本逻辑对资本逻辑的超越。

2. 坚持以人民为中心的发展思想

党的二十大报告把"必须坚持人民至上"列为习近平新时代中国特色社会主义思想的世界观和方法论的重要内容之一。全党必须牢记为什么人的问题,是检验一个政党、一个政权性质的试金石。人民立场是马克思主义政党的根本政治立场。带领人民创造幸福生活,是我们党始终不渝的奋斗目标。中国式现代化是中国共产党领导的社会主义现代化,之所以走得通、行得稳,关键在于坚持以人民为中心,把造福人民作为现代化发展的方向。

坚持以人民为中心的发展思想，坚持发展为了人民、发展依靠人民、发展成果由人民共享。中国共产党始终代表最广大人民的根本利益，始终坚持人民至上，始终坚持全心全意为人民服务的根本宗旨。我们党来自人民、植根人民，所有的奋斗都是为了人民、造福人民。民之所盼，政之所向，我们党干革命、搞建设、抓改革，都是为人民谋利益，都是为了让人民过上幸福生活。人民对美好生活的向往是中国共产党的奋斗目标，也是中国式现代化最根本的价值追求。

进入新时代，人民对美好生活的向往更加强烈。党的十八大以来，以习近平同志为核心的党中央坚持以人民为中心的发展思想，把让人民群众过上更加美好的生活作为治国理政的头等大事，注重加强普惠性、基础性、兜底性民生建设，着力解决人民群众急难愁盼问题，不断增强人民群众的获得感、幸福感、安全感。我们党以扎实的行动，回应人民对更好的教育、更稳定的工作、更满意的收入、更可靠的社会保障、更高水平的医疗卫生服务、更舒适的居住条件、更优美的环境、更丰富的精神文化生活的期盼，使人民群众的获得感、幸福感、安全感更加充实、更有保障、更可持续；以坚定的决心、精准的思路、有力的措施，组织实施人类历史上规模最大、力度最强的脱贫攻坚战，使中华民族历史性地解决了绝对贫困问题，在中华大地上全面建成了小康社会；大力解决住房保障、教育公平、生态环境等人民群众普遍关注的问题，幼有所育、学有所教、劳有所得、病有所医、老有所养、住有所居、弱有所扶得到更好实现，人民对美好生活的向往正一步步成为现实。这些都生动彰显了中国式现代化以人民为中心的价值追求。

3. 着力推动人的全面发展

在庆祝中国共产党成立100周年大会的讲话中，习近平总书记强调要"推动人的全面发展"。推动人的全面发展，是马克思主义的基本价值取向，也是科学社会主义的重要价值目标。在中国式现代化的历史进程中，促进人的全面发展必须走创造性的现代化发展道路。我国14亿多人口整体迈进现代化社会，规模超过现有发达国家人口的总和。如此规模巨大、艰巨复杂的现代化实践，在人类历史上从来没有过，没有现成的经验可以借鉴，也没有固定的模式可以照搬。这就要求我们既要遵循现代化发展的一般规律，又要符合本国发展实际，坚持把马克思主义基本原理同中国具体实际、同中华优秀传统文化相结合，选择适合自己的发展道路和推进方式，把中国发展进步的命运牢牢掌握在自己手中。

在中国式现代化的历史进程中，人的全面发展要在实现全体人民共同富裕的过程中逐步实现。共同富裕是社会主义的本质要求，是中国式现代化的重要特征。我们说的共同富裕是全体人民共同富裕，是人民群众物质生活和精神生活都富裕，不是少数人的富裕，也不是整齐划一的平均主义。实现共同富裕是一个长期的过程，这决定了实现人的全面发展也将是一个长期的过程。

在中国式现代化的历史进程中，人的全面发展要在物质文明与精神文明相协调中逐步实现。物质贫困不是社会主义，精神贫乏也不是社会主义。推动人的全面发展，既要通过经济高质量发展创造丰富的物质财富，又要创造更多更好的精神产品，培育和践行社会主义核心价值观，提升社会的整体文明程度，丰富人民群众的精神世界。这既是促进人的全面发展的重要内容，也是实现人的全面发展所必需的精神力量。

在中国式现代化的历史进程中，人的全面发展要在人与自然和谐共生中逐步实现。人与自然是生命共同体，人是自然的一部分。只有尊重自然、顺应自然、保护自然，才能不断夯实人类生存与发展的根基。在人类社会几百年的现代化进程中，人们改造自然的能力显著提高，但同时也带来了人与自然之间的不和谐。推动人的全面发展，必须处理好人与自然的关系，以高品质生态环境满足人民群众对美好生活环境的需要，更好地支撑高质量发展。

在中国式现代化的历史进程中，人的全面发展要在和平发展中逐步实现。在现代化建设的探索中，我们党领导人民创造了世所罕见的经济快速发展和社会长期稳定两大奇迹，摒弃了西方以资本为中心的现代化、两极分化的现代化、物质主义膨胀的现代化、对外扩张掠夺的现代化老路，为人类对更好社会制度的探索提供了中国方案。人的现代化、人的全面发展，与本国实际密切相关，也与世界发展大势密切相关。我们必须继续高举和平、发展、合作、共赢的旗帜，在坚定维护世界和平与发展的过程中谋求自身发展，同时以自身更高水平的发展更好地维护世界的和平与发展，在和平发展的道路上实现人的全面发展。

全面推进中国式现代化，是一项前无古人的开创性事业。在中国式现代化的伟大历史进程中实现人的现代化、人的全面发展，必然要求我们在理论和实践上不断探索，持续推进一系列变革性实践，实现一系列突破性进展，取得一系列标志性成果，为中国式现代化提供更为完善的制度保证、更为坚实的物质基础、更为主动的精神力量。

二、界定教育现代化

严格地讲，教育现代化是社会现代化的一个重要组成部分。下面，我们将试着从社会整体现代化中把教育现代化相对抽离出来，加以相对深入地探讨，以期为后续"现代化学校的特征""现代化学校教育生态的本质性思考"等相关章节的讨论提供理论支持。

什么是教育现代化？借褚宏启教授在《教育现代化的路径：现代教育导论》一书中的界定，一言以蔽之为"与教育形态的变迁相伴的教育现代性不断增长和实现的过程"。这里面有两个关键词——教育形态和教育现代性，需要阐释一下。

1. 教育形态

形态是某种事物存在的形式或者状态。教育形态是指教育这一社会现象存在的形式和状态。世界上任何事物都有一定的存在形式和状态，教育也不例外。

教育形态是教育在不同时空背景下的变化形式。根据不同的标准，可对教育形态做出不同的划分：（1）根据教育系统自身形式化的程度，可以将教育形态划分为非制度化的教育与制度化的教育两种类型。非制度化的教育是指那些没有能够形成相对独立的教育形式的教育，这种教育是与生产或生活高度一体化的，没有从日常的生产或生活中分离出来形成一种相对独立的社会机构及其制度化行为。制度化的教育是从非制度化的教育中演化而来的，是指由专门的教育人员、机构及其运行制度所构成的教育形态。制度化的教育是人类教育的高级形态，它的出现是人类教育文明的一大进步，也极大地推动了人类总体文明的进步。今天所谈论的教育和教育改革，基本上指的就是这种制度化的教育。（2）从教育所赖以运行的空间特性来看，可以将教育形态分为家庭教育、学校教育与社会教育三种类型，家庭教育以家庭为单位，学校教育以学校为单位，社会教育则在社会生活和生产过程中进行。其中，学校教育作为一种教育形态，有其自身的优越性，如有专门的教育机构、有专门的教师、有教育经费保障、有课程与教学计划、有学业评价与反馈机制等，正因如此，学校教育才成为一种主导性的现代教育形态。（3）从教育所赖以运行的时间特性来看，可以把教育形态分为农业社会的教育、工业社会的教育和信息社会的教育（全国十二所重点师范大学，2008）。

上述观点可以丰富我们对教育形态的认识，由此，可以把教育现代化概念中的"教育形态变迁"理解为非制度化的家庭教育和社会教育向制度化的学校教育的变迁，理解为制度化的学校教育的持续变迁，理解为农业社会的教育向工业社会的教育、工业社会的教育向信息社会的教育的变迁。教育现代化就是制度化的学校教育的现代化，教育现代化的过程就是农业社会的教育向工业社会的教育、工业社会的教育向信息社会的教育的变迁过程。然而，认识进展到这一步还比较粗放，并不足以使教育形态成为一个有效地分析教育现代化问题的工具，难以使我们对于教育现代化形成精细的认识。要使教育形态成为一个有用的分析工具，必须进一步细化、深化这一概念，必须把它进一步操作化。

依然借用褚宏启教授的观点，我们把教育形态进一步细化、深化，最终定义为：制度化的学校教育（包括学历教育与非学历教育）的体系结构、教学活动、管理活动、资源保障等的总和。

需要注意的是，教育形态涉及的是实践，但不涉及教育实践的前因与后果。前因是指教育思想与观念、教育目的、社会背景等，这些或者属于教育实践之上的心理精神因素，或者属于教育实践之外的社会外部环境因素，但它们都对教育实践具有决定性影响；后果是指教育实践的现实结果，具体表现为教育所培养的人的数量、质量，以及教育对于经济社会发展的贡献。教育实践的结果是衡量教育成效、评价教育现代化水平的重要维度，所谓"教育现代化的关键是人的现代化"就是从这个视角来讲的。但此处并不把它作为教育形态的维度之一，因为它不属于教育实践或教育行为本身。

总之，教育形态的变迁是指教育的各个层面的演进过程，主要是指教育体系、教育内容与方法（课程与教学）、教育资源、教育管理等方面的变化过程。

2. 教育现代性

教育现代性是对现代教育的一些特征的集中反映，它体现了教育现代化过程中教育呈现出的一些新特点和新性质，教育现代性的增长是教育现代化进程的根本特征。

教育现代性是现代教育的本质，是现代教育区别于非现代教育的本质属性。本质是指事物的根本性质，是事物基本组成要素的内在联系。某事物的根本性质，对于该事物来说，就是它本身的特殊本质；对于其他事物来说，就是它们之间的本质区别。

现代教育的本质不同于教育的本质。教育"质"的规定性是：有目的、有计划、有组织地培养人的社会实践活动。不论过去、现在还是将来，教育必定是培养人的活动，这便是教育的本质。本质特性即反映事物发展规律的、稳定的、普遍的特性。教育的本质特性，即贯穿于一切教育之中，从古至今乃至未来，只要教育活动存在就永久起作用的特性。不论是社会发展、时代变迁还是教育自身的逐渐完善，都无法使其有所改变。

在历史长河中，现代教育只是教育的一个阶段，是现代社会才有的一种教育形态，它除了具有所有教育都具备的共同特性外，还具有与前现代教育不同的本质特性，即教育的现代性。现代教育的具体形态，有着多种多样的表现形式。文艺复兴时期，现代教育开始萌芽，从那时到现在，教育活动的内容、形式、方法不断更替，教育体系持续完善，结构化程度不断提高，学校管理和教育行政也变化多多，但如果透过这些形态和现象的流变，寻求潜藏在教育形态和现象背后的具有普遍性和稳定性的东西，便能找到现代教育的本质，找到现代教育的特殊规定性，也就是教育的现代性。

教育的本质特征是中性的，不论是专制社会的教育还是民主社会的教育，都符合教育的本质规定性。但是，现代教育的本质则有明确的价值方向，具有鲜明的价值理性。如果某种教育专制蛮横，死记硬背盛行，辱骂体罚屡见不鲜，而不是人道的、民主的、理性的，则很难被认为是现代教育。

教育现代性包括教育的人道性、理性化、专业性、民主性、法治性、生产性、信息化、国际化八个方面。正是这些方面把现代教育与古代教育、现代教育与传统教育实质性地区别开来。所谓人道性，是强调尊重每个个体的尊严和价值，关注学习者的全面发展，包括情感、道德、智力和身体等各个方面，它倡导以学生为中心的教育方法，强调教育过程中的人文关怀和对学生个体差异的尊重；所谓理性化，意味着教育过程和教育管理的科学化、系统化，它要求教育决策基于实证研究和数据分析，追求教育的有效性和效率，以及教育过程中的逻辑性和批判性思维的培养；所谓专业性，是强调教师和其他教育工作者需要具备专业知识和技能，以及持续的专业发展，这包括对教育理论的深入理解、教学方法的掌握和教育实践的创新能力；所谓民主性，体现了教育机会的平等和参与性决策，它鼓励学习者参与教育过程，提倡教育环境中的民主对话和协商，以及教育政策制定过程中的透明度和公众参与；所谓法治性，意味着教育系统和教育活动受到法律的规范和保护，这包括确保教育权利的实现，维护教育公平，以及通过法律手段解决教育过程中可能出现的争议和问题；所谓生产性，是关注教育对于社会经济发展的贡献，它强调教育与劳动市场的联系，提倡职业教育和技术教育，以及培养学生的创新能力和创业精神；所谓信息化，是指教育系统对信息技术的广泛应用，包括在线教育、数字化学习资源的开发和利用，以及教育管理和教学过程中的信息技术支持；所谓国际化，是强调教育的全球视野和跨文化交流，它倡导国际合作与交流，支持学生和教育工作者获得国际经验，以及教育内容和方法的全球适应性。

由此可以看出，教育现代性、教育现代化概念中的"现代"，不是一个时间概念，而是一个性质概念，其本质是"现代精神"。需要注意的是，不能把现代教育的目标混同于现代教育的本质，不能把教育现代化的目标混同于教育现代化的实质。事物的本质与目标有着根本的区别，前者是界定某个事物"是什么"，后者则是说明某个事物"为了什么"。现代教育或教育现代化的目标，是促进人的发展与社会的发展，促进人的现代化和社会的现代化。而现代教育或教育现代化的本质，则是教育的现代性，教育现代性是某种教育之所以是现代教育的本质规定性。

3. 教育现代性与教育形态的关系

一个国家的教育现代化程度主要体现在教育现代性的增长方面。教育现代性的增长从教育形态的变迁中体现出来，教育形态是表象，教育现代性则表明这种形态的性质和本质。

教育形态的变迁和教育现代性的增长不是一回事。并非所有的

第一章　现代化和教育现代化的界定

变化和变迁都是现代性的，有时会有停滞甚至倒退（如德国希特勒时期的教育）。"逆现代化"（demodernization）、"现代化断裂"（breakdown）、"现代化被延误"（the delayed modernization）等，所表达的就是现代化进程中的停滞或倒退现象。变迁有正向和负向两种可能，而教育现代性的增长是进步的表征。教育现代性并不一定随时间的推移而持续增长，在一定历史时期，教育现代性会减弱乃至某些原有的教育现代性会完全丧失，而教育形态的变迁却是持续的。

教育现代性是一个多面体，由许多方面构成。教育的现代性主要体现在教育的人道性、理性化（含世俗化、科学性等）、专业性、民主性、法治性等方面。在不同的文化背景下，其变迁有不同的表现。不同国家在教育现代性的增长方面并不均衡，不是齐头并进的，而是往往一个国家在教育现代性的某一方面先行发展，其他方面的教育现代性增长则较为迟缓，另一个国家却是另一个样子。这就使得不同国家的教育现代化进程各具特色，并对其后的进程产生重要影响。尽管各国教育发展的路径各异，但教育现代化的本质表现——教育的现代性却有趋同性。殊途同归是教育现代性发展的基本表现。

教育现代化是一个历史过程（更是一种对美好的无限追求），至今仍在持续着（并将无止境地持续下去）。不能说一个国家早就实现教育现代化了，而另一个国家的教育现代化还踪影全无。比较恰当的说法是"在某一时期的一定共识基础上，用教育现代化程度高低来衡量一个国家的教育现代化的发展水平"。列维在《现代化和社会结构》一书中将现存社会分为两类，即"相对现代化社会"和"相对非现代化社会"，这种划分方式引入了"相对"的概念，是比较可取的，因为现代化程度高低本身就是相对的。就不同的国家而言，不仅教育现代性的增长方式不同，而且教育现代性的增长量也不同，这就导致了不同国家不仅教育现代化的道路不同，而且教育现代化的程度也不同。

三、中国教育现代化的目标与战略任务

在《中国教育现代化 2035》中，阐述了中国教育改革与发展面向 2035 年的目标与战略任务。

《中国教育现代化 2035》提出：到 2035 年，总体实现教育现代化，迈入教育强国行列，推动我国成为学习大国、人力资源强国和人才强国，为本世纪中叶建成富强民主文明和谐美丽的社会主义现代化强国奠定坚实基础。

其主要发展目标是：建成服务全民终身学习的现代教育体系、普及有质量的学前教育、实现优质均衡的义务教育、全面普及高中阶段教育，职业教育服务能力显著提升、高等教育竞争力明显提升、残疾儿童享有适合的教育、形成全社会共同参与的教育治理新格局。

这些发展目标充分显示出中国教育强国的特征。这些目标不仅与各级各类教育相关，也展现出对教育体系及其运行的期待。

《中国教育现代化 2035》在战略任务部署中，聚焦突出问题和薄

第一章 现代化和教育现代化的界定

弱环节,立足当前教育发展基础和现代化目标,提出了中国教育现代化必须实施的十大战略任务。

一是学习习近平新时代中国特色社会主义思想。把学习贯彻习近平新时代中国特色社会主义思想作为首要任务,贯穿到教育改革发展全过程,落实到教育现代化各领域各环节。以习近平新时代中国特色社会主义思想武装教育战线,推动习近平新时代中国特色社会主义思想进教材进课堂进头脑,将习近平新时代中国特色社会主义思想融入中小学教育,加强高等学校思想政治教育。加强习近平新时代中国特色社会主义思想系统化、学理化、学科化研究阐释,健全习近平新时代中国特色社会主义思想研究成果传播机制。

二是发展中国特色世界先进水平的优质教育。全面落实立德树人根本任务,广泛开展理想信念教育,厚植爱国主义情怀,加强品德修养,增长知识见识,培养奋斗精神,不断提高学生思想水平、政治觉悟、道德品质、文化素养。增强综合素质,树立健康第一的教育理念,全面强化学校体育工作,全面加强和改进学校美育,弘扬劳动精神,强化实践动手能力、合作能力、创新能力的培养。完善教育质量标准体系,制定覆盖全学段、体现世界先进水平、符合不同层次类型教育特点的教育质量标准,明确学生发展核心素养要求。完善学前教育保教质量标准。建立健全中小学各学科学业质量标准和体质健康标准。健全职业教育人才培养质量标准,制定紧跟时代发展的多样化高等教育人才培养质量标准。建立以师资配备、生均拨款、教学设施设备等资源要素为核心的标准体系和办学条件标准动态调整机制。加强课程教材体系建设，科学规划大中小学课程，分类制定课程标准，充分利用现代信息技术，丰富并创新课程形式。健全国家教材制度，统筹为主、统分结合、分类指导，增强教材的思想性、科学性、民族性、时代性、系统性，完善教材编写、修订、审查、选用、退出机制。创新人才培养方式，推行启发式、探究式、参与式、合作式等教学方式以及走班制、选课制等教学组织模式，培养学生创新精神与实践能力。大力推进校园文化建设。重视家庭教育和社会教育。构建教育质量评估监测机制，建立更加科学公正的考试评价制度，建立全过程、全方位人才培养质量反馈监控体系。

三是推动各级教育高水平高质量普及。以农村为重点提升学前教育普及水平，建立更为完善的学前教育管理体制、办园体制和投入体制，大力发展公办园，加快发展普惠性民办幼儿园。提升义务教育巩固水平，健全控辍保学工作责任体系。提升高中阶段教育普及水平，推进中等职业教育和普通高中教育协调发展，鼓励普通高中多样化有特色发展。振兴中西部地区高等教育。提升民族教育发展水平。

四是实现基本公共教育服务均等化。提升义务教育均等化水平，建立学校标准化建设长效机制，推进城乡义务教育均衡发展。在实现县域内义务教育基本均衡基础上，进一步推进优质均衡。推进随迁子女入学待遇同城化，有序扩大城镇学位供给。完善流动人口子女异地升学考试制度。实现困难群体帮扶精准化，健全家庭经济困难学生资助体系，推进教育精准脱贫。办好特殊教育，推进适龄残疾儿童少年教育全覆盖，全面推进融合教育，促进医教结合。

五是构建服务全民的终身学习体系。构建更加开放畅通的人才成长通道，完善招生入学、弹性学习及继续教育制度，畅通转换渠道。建立全民终身学习的制度环境，建立国家资历框架，建立跨部门跨行业的工作机制和专业化支持体系。建立健全国家学分银行制度和学习成果认证制度。强化职业学校和高等学校的继续教育与社会培训服务功能，开展多类型多形式的职工继续教育。扩大社区教育资源供给，加快发展城乡社区老年教育，推动各类学习型组织建设。

六是提升一流人才培养与创新能力。分类建设一批世界一流高等学校，建立完善的高等学校分类发展政策体系，引导高等学校科学定位、特色发展。持续推动地方本科高等学校转型发展。加快发展现代职业教育，不断优化职业教育结构与布局。推动职业教育与产业发展有机衔接、深度融合，集中力量建成一批中国特色高水平职业院校和专业。优化人才培养结构，综合运用招生计划、就业反馈、拨款、标准、评估等方式，引导高等学校和职业学校及时调整学科专业结构。加强创新人才特别是拔尖创新人才的培养，加大应用型、复合型、技术技能型人才培养比重。加强高等学校创新体系建设，建设一批国际一流的国家科技创新基地，加强应用基础研究，全面提升高等学校原始创新能力。探索构建产学研用深度融合的全链条、网络化、开放式协同创新联盟。提高高等学校哲学社会科学研究水平，加强中国特色新型智库建设。健全有利于激发创新活力和促进科技成果转化的科研体制。

七是建设高素质专业化创新型教师队伍。大力加强师德师风建设,将师德师风作为评价教师素质的第一标准,推动师德建设长效化、制度化。加大教职工统筹配置和跨区域调整力度,切实解决教师结构性、阶段性、区域性短缺问题。完善教师资格体系和准入制度。健全教师职称、岗位和考核评价制度。培养高素质教师队伍,健全以师范院校为主体、高水平非师范院校参与、优质中小学(幼儿园)为实践基地的开放、协同、联动的中国特色教师教育体系。强化职前教师培养和职后教师发展的有机衔接。夯实教师专业发展体系,推动教师终身学习和专业自主发展。提高教师社会地位,完善教师待遇保障制度,健全中小学教师工资长效联动机制,全面落实集中连片特困地区生活补助政策。加大教师表彰力度,努力提高教师政治地位、社会地位、职业地位。

八是加快信息化时代教育变革。建设智能化校园,统筹建设一体化智能化教学、管理与服务平台。利用现代技术加快推动人才培养模式改革,实现规模化教育与个性化培养的有机结合。创新教育服务业态,建立数字教育资源共建共享机制,完善利益分配机制、知识产权保护制度和新型教育服务监管制度。推进教育治理方式变革,加快形成现代化的教育管理与监测体系,推进管理精准化和决策科学化。

九是开创教育对外开放新格局。全面提升国际交流合作水平,推动我国同其他国家学历学位互认、标准互通、经验互鉴。扎实推进"一带一路"教育行动。加强与联合国教科文组织等国际组织和多边组织的合作。提升中外合作办学质量。优化出国留学服务。实施留学中国计划,建立并完善来华留学教育质量保障机制,全面提升来华留学质量。推进中外高级别人文交流机制建设，拓展人文交流领域，促进中外民心相通和文明交流互鉴。促进孔子学院和孔子课堂特色发展。加快建设中国特色海外国际学校。鼓励有条件的职业院校在海外建设"鲁班工坊"。积极参与全球教育治理，深度参与国际教育规则、标准、评价体系的研究制定。推进与国际组织及专业机构的教育交流合作。健全对外教育援助机制。

十是推进教育治理体系和治理能力现代化。提高教育法治化水平，构建完备的教育法律法规体系，健全学校办学法律支持体系。健全教育法律实施和监管机制。提升政府管理服务水平，提升政府综合运用法律、标准、信息服务等现代治理手段的能力和水平。健全教育督导体制机制，提高教育督导的权威性和实效性。提高学校自主管理能力，完善学校治理结构，继续加强高等学校章程建设。鼓励民办学校按照非营利性和营利性两种组织属性开展现代学校制度改革创新。推动社会参与教育治理常态化，建立健全社会参与学校管理和教育评价监管机制。

上述战略任务聚焦在教育发展思想、先进的优质教育、各级教育高水平普及、教育服务均衡、终身学习体系、人才培养、教师队伍建设教育信息化、教育开放和教育治理体系等各个方面，展现出了中国教育现代化在教育各领域的改革与发展。

第二章　现代化学校的特征

在厘清了现代化与教育现代化的概念后，让我们把目光聚焦到学校，从实践的角度看一看什么样的学校可以被称为现代化学校，怎样的学校教育教学建构（学校教育生态建构）能够真正促进教育现代性不断增长和实现。

本章聚焦于"什么样的学校可以被称为现代化学校"问题的探索。

现代化学校是促进教育现代性不断增长和实现的重要教育形态，是实现教育现代化的重要载体。此处我们聚焦的现代化学校指向中国公办中学（更进一步落点于北师大实验中学的未来发展），希望依据《中国教育现代化2035》与中学相关的目标与任务要求，结合北师大实验中学的实际情况，提供一些有益的思考，以助力学校更好地发展，向着成为"现代化的伟大学校"目标前进。

第二章　现代化学校的特征

一、学校现代化实践视域下的教育目的

作为中国公办中学，"培养什么人，怎样培养人，为谁培养人"等教育的根本问题无须探讨，国家教育方针、法律法规、指导意见已经做了明确的说明和指导，身为国家基础教育的实践者，通过认真、深入学习达成"政策理解"并做好落实工作是我们的本职工作。此处探讨的教育目的是学校在政策理解的基础上，针对具体教育实践的实际需要，为更好地落实国家要求而做的指导学校实践的符合学校实际情况的教育宏观思考。

下面的思考是以北师大实验中学的具体教育实践为基础的。

先在学校现代化实践视域下，对教育下一个定义：教育是一种从守成到创造的目的性艺术过程。作为影响人的身心发展的社会实践活动，教育的目的性不言而喻。进一步从人的主体性与社会性角度思考教育，从"守成"的经验积累与传承，到"创造"的生发与创新，教育的本质就是为了促进人以"守成→创新"的模式不断螺旋上升发展的，在这个过程中人会不断追求并实现自我的人生价值与社会价值。之所以把这个过程称为"艺术"，是因为教育的过程是一个没有止境的、追求极致的过程。

按照当代教育哲学家格特·比斯塔的观点，教育的目的可以分解为三个不同（但相关）的功能：资格化、社会化和主体化。其中，主体化是更为本质的教育目的，从这个意义上来看，将教育界定为"一种从守成到创造的目的性艺术过程"也是合适的。

1. 通过教育，促进人的升维

面对未来，在中学教育阶段，教育这种"从守成到创造的目的性艺术过程"的宏观价值点到底在哪里？这个问题很值得中学教育的具体实践者们进行针对性的思考。根据我们的具体教育实践，我们把这个宏观价值点界定为"促进人的升维"。

这里有必要对"维"做一下解读：（1）指向思维能力（水平）。人之所以成为人，核心在于思想意识，个人思想意识的形成源于思维，是单一还是多元，是浅显还是深邃，是狭窄还是宏阔，是片面还是全面，是静止还是动态，是孤立还是辩证，是感性还是理性抑或是感性理性融会……思维本身没有所谓的好与不好，只有是否更适合、更包容、更自洽，能够让自己的思维更适合、更包容、更自洽就是思维能力（水平）不断提升的过程，就是思维能力（水平）的升维过程。（2）指向个人需求。按照马斯洛的需求层次结构，从层次结构的底部向上，需求分别为生理（食物和衣服）、安全（工作保障）、社交需要（友谊）、尊重和自我实现，随着教育与学习的持续深入、扩展，人的需求会自然而然地变得丰富、向上，最终达成五个层次全实现的目标，这个层次追求不断提升的过程也是升维过程。（3）指向人的整体维度。它包括思想水平、意识状态、价值观念等，是信仰层面的指标，随着思维能力（水平）的升维、个人需求的升维，人的整体维度会得到无止境的生长和提升，这样的生长和提升会给予人动力、力量和幸福，会让人拥有自洽、不惑的人生。

中学教育阶段促进人的升维是无差别的。虽然受基因的影响，不同人的发育过程有区别,但对于每一个个体而言,教育和学习都是可以促进其在自己现有基础上无止境地升维的。随着见识的拓展、知识的增长、能力的增强、经历的丰富,人的思维能力和水平会在不知不觉中生长,人的需求层次也会越来越丰富,人的整体维度自然而然就提升了。虽然每个人的起点可能千差万别,终点也是各种各样,但生命的生长过程和维度的提升过程都是一致的,教育与学习之于每个人的升维价值也是相同的,这应该就是孔子所说的"有教无类"的真谛吧。

中学教育阶段促进人的升维不是一蹴而就的。借用比斯塔对教育功能的阐释,教育通常具有三个不同(但相关)的功能,即教育的资格化、社会化和主体化。资格化是向学习者提供知识、技能,帮助他们理解,以及给予他们做事所需的判断倾向和判断方式;社会化是通过教育成为特定社会、文化和政治"秩序"的一部分;主体化是让人成为属于自我主体的过程。在我看来,资格化、社会化都属于"术"层面的教育(学习),主体化才是"道"层面的教育(学习),我们所说的升维指向"道"的层面,但要想达到"道"的水平,必然需要经过资格化、社会化这些"术"层面的升维过程。因此,对于教育者而言,为学习者提供资格化、社会化层面的资源,助力他们的学习是必须的,但在助力资格化、社会化升维时心中也要时刻明确每一个学习者主体化——"道"层面的需求,并给予他们适宜的关怀与支持。

作为教师,站在学校的立场,我认为教育(学习)支撑人的升维是需要科学化、精细化的设计与实施支撑的。当下家长、学生、老师的关注点过分地被分数所牵引,虽然在当前社会评价的大背景下可以理解,但总有一种在汲汲营营中迷失了本真的感觉。大部分人因为把分数看得过重而选择了"耗时耗力的重复性训练",不可否认的是,在同一个维度中,依靠反复训练对分数的提升是有价值的,但必须注意的是,仅仅依靠耗时耗力的重复性训练是不能促进升维的。而反过来看,如果能够促进每一个学习者维度的提升(即升维),分数的提升自然不在话下,因为分数的提升仅仅是维度提升中一种显性指标化的副产品而已。带着这样的认知,我们就需要在学校中来一场关于教与学的革命,不是仅(紧)盯着分数,而是将眼界放开,关注分数背后的教育(学习)本真——通过教与学的科学化、精细化设计与实施,促进每一个学习者升维。

2. 通过教育,促进人思维水平的提升,促进人学习能力的提高,进而促进人的升维

如果说"促进人的升维"是中学教育阶段的宏观目的,那么作为教育的实践者,为了能够更好地促进学习者的升维,我们有必要将宏观教育目标进一步中观化、微观化,从而找到适宜的教育切入口,切实地用教育目标指导自己的教育实践。经过多年的实践,我们认为中学阶段教育的中观目标为"促进人学习能力的提高",促进中观目标的达成需要微观目标的落实,而中学阶段教育的微观目标为"促进人思维水平的提升"。也就是说,中学教育阶段教育目标达成的实践链条就像标题所示那样:"通过教育,促进人思维水平的提升,促进人学习能力的提高,进而促进人的升维。"

第二章 现代化学校的特征

让我们从学习能力开始谈起。作为"能够进行学习的各种能力和潜力的总和",学习能力可谓是伴随生命生长、促进个体幸福的最本质、最核心的能力。这也是我们把促进人学习能力的提高作为中学阶段教育的中观目标的主要原因。

从生命生长(升维)的角度而言,"有效应对未来不确定的变化"无论是对生理的生长,抑或是对心理的成长,都是关键中的关键,而"应对未来不确定变化"是否积极、有效的核心在于学习。面对未知充满好奇而不是被恐惧吓退,勇敢试错并获得有效经验而不是畏首畏尾、退缩回避,愿意为了达成所愿尽力尝试去获取资源而不是消极以待、自怨自艾、怨天尤人……这一切都是生命生长过程中需要学习的能力,更是促进生命生长的学习能力的重要组成(好奇、勇敢、积极……)。

从个体幸福(升维)的角度而言,"拥有丰富、笃信的自我(人生观、世界观、价值观)"是核心中的核心,而获得"丰富、笃信的自我"的关键在于学习。善意、广博地接纳而不是刚愎自用、自以为是,审慎、睿智地思考而不是轻易在思想上被奴役,包容、笃定地信仰而不是或尖刻地跳梁或犹疑地迷信……这一切都是获取、呵护幸福需要学习的能力,也是促进个人幸福的学习能力的重要组成(逻辑、批判、反思……)。

学习能力,一言以蔽之,"思维的持续改进"是也。无论是好奇、勇敢、积极,还是逻辑、批判、反思,抑或是悦纳、包容、笃信……一切学习能力都可以追索到思维的维度,将学习能力看作一种持续改进的思维,可以帮助我们从更本质、更动态的角度对其进行理解。自然而然地,促进人思维水平的提升这一教育的微观目标也就跃然纸上。

在说明学习能力与思维水平之间的关系之前,我们先来聚焦思维水平的本质。

思维水平就是我们平时常说的思维能力,它的发展、提升离不开大脑,因此,我们需要从脑科学入手,探索一下思维能力(思维水平)的问题(图2.1)。

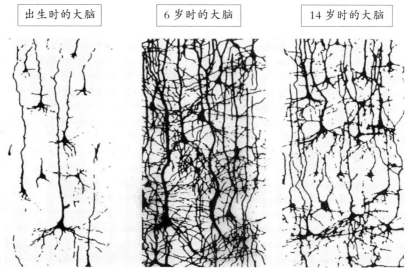

图 2.1　人在发育过程中,脑中的"链接"经历的过程

脑科学研究表明,世界上所有正常人脑中的神经元数量并没有太大差异(人脑中大约含有 1000 亿个神经元,其中大脑皮层约有 140 亿—160 亿个神经元),不同人之间的差异主要来自神经元之间"链接"的数量和秩序。

第二章 现代化学校的特征

从上图中我们不难看出,人在发育过程中,脑中的"链接"经历了"先增多再减少""从无序到有序"的过程。换言之,人类各种能力(包括思维能力)的发展过程从脑科学的角度可以理解为"有效链接的建立过程",其有效性的核心是"链接"的数量和秩序。数量和秩序是一对相互矛盾、制约的因素(数量越多,秩序越容易乱),它们的平衡才是决定人类各种能力(包括思维能力)的关键所在。更进一步的研究表明,人脑中的"链接"建立(数量变化)与有效修正(秩序的变化)的变化是可以持续一生的,而且环境外力对于"有效链接的建立过程"具有重要的作用和意义,即教育与学习过程可以使得"有效链接的建立过程"(反映为思维能力)持续变化。

现在,让我们把话题拉回到学习能力与思维水平之间的关系上,可以得到以下两个重要的理解。

理解一:学习能力源于思维。

按照《新编现代汉语词典》的界定,可以把学习看作通过阅读、听讲、理解、思考、研究、实践等途径获得知识的过程。从狭义的角度看待学习,就是"通过阅读、听讲、研究、观察、探索、创新、实验、实践等手段获得知识、提高认知或技能的过程,是一种使一个人可以得到持续变化(知识和技能,方法与过程,情感与价值的改善和升华)的行为方式"。而从广义的角度来理解,则可以把学习看作"人在生活过程中,通过获得经验而产生的行为或行为潜能的相对持久的方式"。从学习的定义不难看出,学习行为、学习方式、学习能力是一种"你中有我,我中有你"的伴生存在。人类作为智能生命之所以可以建立学习方式、拥有学习能力、践行学习行为，本质原因在于人类拥有思维。脑科学研究告诉我们，人类思维产生的本质是神经元之间"链接"的数量和秩序。自然，不同人思维的差异（或者说学习能力的差异）也就源于"神经元之间链接的数量和秩序"的不同。从科学的角度，我们可以建立起这样一条影响学习能力的链条：神经元之间"链接"的数量和秩序→思维→学习能力。

理解二：学习能力可以通过思维的持续改进得到发展。

从一般经验中，我们就有这样的感受：人的学习能力是动态的而非静态的，学习能力是可以通过培养持续改进的。事实也确实如此，研究表明，终人的一生，神经元之间"链接"的数量和秩序都是不断改变的，这样的改变与个体发育阶段相联系，更与环境的影响息息相关。从发育的角度来看，人类总体的发育过程是趋同的，但具体到每个人的发育特点却有着很多细微的差异，也正因此，很多同龄的孩子（青春期发育之前），思维水平却有着不小的差异，但如果拓展到整个人生的维度，成年人思维水平的差异与发育的关系并不大，成年人思维水平的区别主要来自环境的影响。资源的丰富、刺激的频次、互动的有效、持续的时长……环境中的一切都可以通过人类的神经调节作用到大脑，在大脑与环境的互动过程中，神经元之间的"链接"（突触连接）会发生数量和秩序的改变，这种结构性的动态改变就是思维改进的基础，也是学习能力发展的本源。如果能够通过环境的持续刺激造成人脑神经元之间"链接"数量和秩序的持续改变，就可以促使思维持续改进，进而促进学习能力的持续发展。所以说，学习能力可以通过思维的持续改进得到发展。

经过以上分析,我们应该可以得到如下启示。

(1)本质上,教育的过程就是为学习者提供充分的环境,在这个环境中,学习者可以通过学习促进自身思维持续改进,进而促进学习能力持续发展,最终促使学习者生命得到生长并有能力获得属于自己的幸福(升维)。

(2)学习者学习能力的持续发展是有其结构基础的,需要给予学习者足够的耐心,让其慢慢建立起适合自己的有效"链接"。教育过程切忌用现在胡乱推测未来。教育过程最不需要的就是急躁。

(3)学习者学习能力发展路径都会有其自身的特点,学习过程中完全没有必要进行无谓的比较,更不能一刀切地要求每一个学习者同时、同地达成一致。每一个人都是独特的存在(基因、环境、前期脑中有"链接"建立基础的不同造成了这种独特),且同年龄的个体一定会存在自己不同的优势和劣势,因为任何一个人脑中有效"链接"的建立都是需要时间的,有些人将时间花在了A处"链接"的建立上,而没有将时间分配给B处,那么其A处所指向的能力就会有优势,而B处所指向的能力就会不足;反过来,有些人将时间花在了B处"链接"的建立上,而没有将时间分配给A处,那么其B处所指向的能力就会有优势,而A处所指向的能力就会不足。每一个人所展现出来的即时能力优势都是通过曾经的"链接"建立成本造就的。理解了这一点,可以促使教育者以平等的、发展的眼光来看待学习者:每一个学习者所展现的即时状态都是一时性的、都是不断发展中的一个小阶段，假以时日，待学习者脑中的有效"链接"建立得更加全面完善、更加多元有序时，其自然而然地也就会成长和发展，这个过程可以持续一生，完全不必纠结于一时一刻。如果能够以这样的心态认识学习者，也就不会焦虑和狂躁，教育者会平和地为学习者提供多样的资源和充分的信任，帮助其有目的地建立有效"链接"，带着期待和欣赏陪伴着学习者慢慢成长。

（4）为学习者创设多样的适合其大脑建立有效"链接"的环境至关重要。神经元之间有效"链接"的建立是以突触结构为基础的，突触结构的数量、有序性、连接强度等都是有效性的重要保障，有证据表明，外界环境的刺激及有意识地反复练习都有助于突触结构的建立，这个结论为教育与教学的有效实施提供了新的方向和理论基础。从脑科学的角度认识教育和教学过程，其本质可以被看作有目的地为学习者提供环境刺激，促使学习者在相应环境中通过反复练习达成在脑中建立有效突触连接的过程。脑科学研究表明，这种学习过程中有效"链接"的建立是需要多脑区共同协同的，这也是教育者在教育教学过程中为什么要为学习者提供"全面多样教育资源"的原因所在。

脑科学研究证明了学习者的思维能力是可以通过教与学的互动过程促进的，这让我们明确了教学设计的价值所在，也让教师找到了在实践中促进学习者升维的微观抓手。在教育实践中，教师通过"教"帮助学生理解概念、规律和原理，学生通过"学"来建构、展现和增进理解，这样的持续互动，不但可以帮助学生进行知识积累，更有助于促进其思维能力不断进阶发展。

中学阶段,学习者思维能力的提升主要指向高阶思维能力的提高。按照 R. 布鲁斯·威廉姆斯在《高阶思维培养有门道》一书中对高阶思维能力的描述,可以将高阶思维能力具体细分成以下高阶思维技能的矩阵(表 2.1)。

表 2.1 高阶思维的五个维度

	相关 ——同时代性	丰富 ——复杂性	关联 ——联系性	严谨/专注 ——挑战性	迁移/递归 ——概念性
理解信息	比较/区别 (信息的不同方面)	分类/整理/排序 (信息)	建立联系 (与先前知识)	解释为什么 (从信息中找到意义)	分析 (信息的主题及概念)
概括洞察	评价/判断 (融入个人观点)	视觉化/想象 (材料的表现)	强制建立关系 (看到不寻常的联系)	推断 (发现言外之意)	类比 (发现概念关系)
发现应用	应用 (至个人生活)	创造/创新/发明 (迈向未知领域)	推广 (至新的情境)	定序 (辨别出下一步)预测	迁移 (至其他情境)

说明:

高阶思维共有五个维度:相关(Relevance)、丰富(Richness)、关联(Relatedness)、严谨/专注(Rigor)、迁移/递归(Recursiveness)。这五个维度称为"5R",揭示了为什么每个学生都需要掌握高阶思维技能。

高阶思维技能除了五个维度(横向延展逻辑),还可以分为三个层次(纵向深入逻辑),分别是:理解信息、概括洞察、发现应用。

理解信息是高级思维技能的初级层次,学生只有当努力地消化(处理)数据和信息,理解信息的意义,进行比较和对比,并试图解释为什么,或把数据信息进行分类时,才算进入高阶思维。

比理解信息更深一步的高阶思维层次叫作概括洞察。具备了这一高阶思维,学习者在某个时刻就能充分地消化和领会信息,结合信息或数据得出自己的洞见。当学习者能够结合数据和信息得出自己的见解时，表明他们已经真正理解了这些信息。此外，学习者还可以结合他们的见解，来进一步阐发（利用）这些数据和信息。在这个思维层次，学习者也许会经历茅塞顿开的时刻，体验恍然大悟的感觉。

最后一个层次是发现应用。当思维进展到这一阶段，数据和信息的实现意义会变得非常清晰。换句话说，在发现应用这个思维层次，学习者就可以结合眼前的数据和信息展开行动，或进行创造，或做出预测，或形成判断，或给出评价。直到这个阶段，学生才真正内化了所学数据和信息；直到这个阶段，学生才开始体会到努力理解这些数据和信息的乐趣所在；也是到了这个层次，所学数据和信息的重要意义（相关性）才真正凸显出来，学生才最终看到了所学内容与现实生活之间的联系。

有了以上高阶思维能力的指标体系，更有助于教师精准开展具体的教育教学实践，切实帮助学生思维水平不断提升。

二、现代化学校（中学）的特征

明确了学校现代化实践视域下中学教育阶段的教育目的（宏观、中观、微观），我们就有了构建现代化学校（中学）特征的方向。当我们从"中学阶段的教育"具象到"中学阶段的学校"时，"怎样为学习者提供适宜其学习能力发展的环境"就成了最为关键的问题。

中学阶段的学习者群体，其特点是"一群具有差异化发育特点的未成年人"，为如此的一个群体提供能促进他们全体学习能力提升的环境需要系统化的构建过程，从学校实践的经验分析，可以从以下七个方面入手做一些尝试。

（1）建立完备的学校治理制度体系，为学习者提供促进其社会化发展的环境，助力其学习能力的提升。

（2）构建以研究、创新为核心的学校学术氛围，为学习者提供拓展其理性思维发展的环境，助力其学习能力的提升。

（3）多层次、全过程、多形态推进校园文化建设，为学习者提供助力其感性思维发展的环境，助力其学习能力的提升。

（4）建设拥有学习力且充满热爱的专业教师队伍，为学习者提供确保其学业深度和广度均能得到有效发展的环境，助力其学习能力的提升。

（5）建立系统化育人育才素养教育体系（课程体系＋实践活动体系），为学习者提供促进其元学习能力与内驱力充分发展的环境，助力其终身学习能力的提升。

（6）创建多层次、个性化、灵活开放的学习模式，为学习者提供基于其发育特点和个性需求的学习环境，助力其学习能力的提升。

（7）注重教育资源的拓展、融合与辐射，为学习者提供助力其全面发展的资源体系（如国际视野、信息化支持、家—校—社资源），助力其学习能力的提升。

这七个方面的描述略显宽泛和简略，为了便于学校工作进一步科学化、精细化的设计与实施，有必要从实操的角度对其中的核心部分做进一步细化（以北师大实验中学的探索为基础）。

（1）丰富完善的系统化育人育才素养教育体系。涵盖课程、教育、教学、评价多维度，涉猎基础学科、新兴学科、交叉学科等多学科、多场景、多方式。

（2）创建多层次、个性化、灵活开放的学习模式。为学习者提供丰富的学习机会和资源，提升学习意识、增强学习能力。

（3）建设具有无限生长能力的教师队伍。于学校而言，教师是学校的根基，是学校的命脉，一群充满热爱、蓬勃向上、无限成长的教师是学校的幸福源泉，是学生的幸福源泉；幸福的学生和学校，也会给予所有老师以更加幸福的支撑。

（4）形成以问题为导向、以研究为基础的学校理性。科学源于循证，精细源于理性，发现问题、研究问题、解决问题是学校不断提升的动力。

（5）形成充满人文关怀的学校治理制度体系。制度是学校顺畅运行的底层保障，人文关怀是学校发展的不竭能源。

（6）加强信息化建设，跟上时代步伐。在信息革命的今天，学校必须跟上时代，用信息化助力教师高效地"教"、助力学生个性化地"学"、助力学校高水平发展。

（7）注重教育资源的融合与辐射。生活在发展开放的时代，就要有更加开阔的视野，用好学校、家庭、社会、国家、国际的资源，助力学生成长为"有自我棱角、有国际视野、促民族兴盛的中国人"。与此同时，也要将学校自身放到更广阔的时空中，为更多学生的成长做出无私奉献。

（8）构建多层次、全过程、多形态的校园文化。将学校的教育哲学融到校园中，形成潜移默化的文化，通过多形态的展现全过程影响学校中的每一个人，让不同维度、不同层次、不同需求的人都能感受到文化的熏陶。

通过上面的叙述，大家可能已经意识到：教育现代化的实现是一个系统性工程，学校（中学）既是该项系统工程不可或缺的组成部分，又是教育现代化实现的重要抓手，可以说，学校教育现代化建设是教育现代化的重中之重。根据《中国教育现代化2035》中关于中国教育改革与发展面向2035年的目标与战略任务的阐述，结合北师大实验中学在现代化学校（中学）建设中的一些探索和思考，我们最终梳理出了学校教育现代化建设的九个方面内容（或称为助力学校教育现代化的九个突破口）。

（1）建立完备的学校现代化治理制度体系——有法可依。

（2）建立以研究为基础的智库体系，助力学校的科学决策与创新发展，促进学校教育现代化发展——指向学校发展的科学性、前瞻性，确保学校发展长久处于优势地位。

（3）建设现代化教师队伍，助力学校教育现代化——试点教师大学，为教师终身学习发展提供支持。

（4）建立系统化育人育才素养教育体系，助力学校教育现代化——元学习能力＋内生驱动力→终身学习。

（5）创建多层次、个性化、灵活开放的学习模式，助力学校教育现代化——常规教学创新探索（指向"基于学生发育特点＋基于学生发展个性化特点"的按需学习、指向培养终身学习的意识和能力）、评价模式创新探索（试点弹性学分制）、试点大学先修课。

(6)构建中外教育交流合作的现代化模式——有思考、有创新(其中要考虑资源整合)。

(7)信息化助力学校教育现代化实践——如推动AI助力背景下的教学革新,打造"学教并重,思维课堂"。

(8)多层次、全过程、多形态推进校园文化建设,助力学校教育现代化——视野开阔、个人幸福、心系中华、胸怀世界。

(9)注重教育资源的融合与辐射,助力学校教育现代化——家—校—社资源联动,校友资源融合、辐射。

将以上九个突破口具象化如下图〔归回到前面提及的现代化学校(中学)便于实践的七个方面入手点〕(图2.2)。

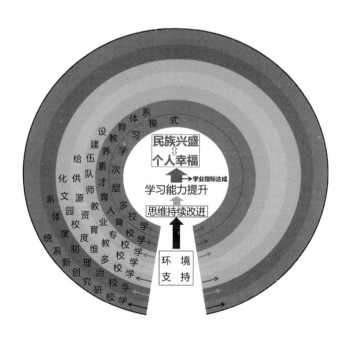

图2.2 助力学校教育现代化的九个突破口

说明：

1. 聚焦个体学生学习能力养成。
2. 以思维持续改进作为学习能力养成的手段。
3. 以促进个人幸福、促进民族兴盛作为学校育人的总方向。
4. 以个人学业指标达成作为学习能力提升的阶段性表现。
5. 学校提供多维度教育支持。
6. 多维度教育环境支持包括：

（1）建立学校研究、创新系统，助力学校科学、可持续发展。

指向→学校发展的科学性、前瞻性，确保学校发展长久处于优势地位。

（2）建立完备的学校治理制度体系，促进学习者社会化发展。

指向→创新学校治理结构，完善学校管理逻辑，确保学校常规运行有法可依、品质卓越，为学生成长保驾护航。

（3）创建多维度校园文化，为学习者理性思维及感性思维的发展提供支持。

指向→①构建以研究、创新为核心的学校学术氛围，为学习者提供拓展其理性思维发展的环境；②多层次、全过程、多形态推进学校文化建设，为学习者提供助力其感性思维发展的环境；③助力学习者达成"视野开阔、个人幸福、心系祖国、胸怀世界"的生命状态。

（4）改善学校教育资源供给，促进学习者全面发展。

指向→国际视野、信息化支持、服务保障系统、家—校—社资源等。

（5）建设拥有学习力且充满热爱的专业教师队伍。

指向→确保学习者学业深度和广度均能得到有效发展。

（6）建立系统化育人育才素养教育体系。

指向→①课程体系＋实践活动体系；②促进学习者元学习能力与内驱力充分发展。

（7）创建多层次、个性化、灵活开放的学习模式。

指向→①基于个体学习者的发育特点和个性需求进行设计，确保每一个学习者均得到适当发展；②培养学习者终身学习意识和能力。

无论是"七方面""八细化"还是"九突破"，打造现代化学校（中学）都需要系统化、整体性地进行思考与实践。在下一章中，我们将引入"教育生态"的概念,从整体、系统的角度谈一谈"现代化学校教育生态建构的本质性思考"。在学校教育生态的视域下,我们再把以上的"七方面""八细化""九突破"等现代化学校(中学)的特征作进一步的详细讨论。

第三章　现代化学校教育生态建构的本质性思考

本章从实践的角度聚焦"怎样的学校教育教学建构（学校教育生态建构）能够真正促进教育现代性不断增长和实现"问题的探索。

为了便于讨论，我们将其拆分成以下两个子问题。

（1）什么是学校教育生态？

（2）怎样的学校教育生态建构可以促进教育现代性不断增长和实现？

一、从教育生态学的视角思考"什么是学校教育生态"

"生态学"（ecology）一词源于希腊文，由"oikos"和"logos"两个词根组成，前者意为"房屋"或"居住地"，后者意为"论述"或"研究"。从本义上来说，生态学是研究住所的学问。这个词最早由博物学家索罗（Thoreau）于1858年提出，之后并没有明确的内涵界定，直到1866年，德国生物学家海克尔（Haeckel）才给了它一个明确的定义：研究动物与其无机环境和有机环境的全部关系的科学。19世纪中叶，进化论的诞生促进了生态学向现代科学的转变，进化论有关"适应环境和自然选择"的思想成为现代生态学的理论基石。

20世纪初，生态学已经成为一门具有理论体系的学科，并在植物生态学和动物生态学两大领域迅速发展。此后，生态学基本思想在社会领域也得到广泛运用。1923年，美国地理学者巴罗斯（Barrows）提出了人类生态学的概念；1924—1926年，美国社会生态学家麦肯齐（MeKenzin）将植物生态和动物生态的概念运用于人类群落的研究，这一新学科被学术界命名为人类生态学；1935年，英国生态学家坦斯利（Tansley）提出生态系统理论，进一步促进了生态学的多元化发展。

西方运用生态学理论研究教育可以追溯到20世纪30年代，但这时期的研究仍然是从环境和行为关系的角度开展的，人们还没有形成"教育生态学"这一术语，比如早期从生态学的角度对学校环境的研究大多是以"教育（教学）环境"这一概念呈现的。1976年，美国学者克雷明（Lawrence Arthur Cremin）在《公共教育》（*Public Education*）一书中首次正式提出教育生态学的概念，并列专章进行探讨。克雷明认为，教育生态学应以教育为主体，研究教育与生态环境的关系。之后英国学者埃格尔斯顿（Eggleston）以研究教育的资源分布为主旨，出版了《学校生态学》（*The Ecology of School*）。他认为，教育生态学要关注构成环境的资源、教育资源的分布，以及对教育资源分布的反映。教育资源分布的不平衡，不仅表现在地区差异上，即使在同一地区，教育资源的分布也不均衡。至此，教育生态学的研究体现了教育研究的转向：从个别儿童及其经历和学校成绩方面，转向研究构成儿童成长的教育环境的一系列因素。20世纪80年代至90年代，教育生态学研究在深度和广度方面不断拓展：如1987年莱西（Lacey）与威廉斯（Williams R）的《教育、生态学与发展》（Education, Ecology and Development）更加植根于当下社会发展的环境去考察教育问题；古德莱德（Goodlad）侧重于微观学校生态学研究，首次提出学校是一个文化生态系统的观念；鲍尔斯（Bowers）不仅关注微观课堂生态研究，也对教育、文化、生态危机等宏观教育生态问题开展研究。到了21世纪，教育生态学的研究更是充分运用生态学的原理和方法（如生态学的系统观、平衡观、联系观、动态观、可持续发展观），按照生态学的整体性、适应性、多样性、平衡性、动力性共同演进性原则来考察教育问题。本书采用当下对教育生态学最新的认识作为论述的基础，即教育生态学是依据整体、系统、平衡、动态的生态学原理，将教育和影响教育的周边环境（包括自然物质环境、社会环境、学校环境、家庭环境、个人环境等）作为一个具有一定结构和功能的整体系统，研究教育系统内部各种结构及其与周边环境的相互关系，研究教育生态的特征及发展的基本规律，分析各种教育现象及成因，目的是提高教育效果，使教育的功能得到最佳发挥，进一步优化教育生态主体与教育生态环境之间的关系，促进师生发展，促进教育活动持续健康发展。

从教育生态学视角思考学校教育生态，我们会发现此处"生态"的概念具有两种词性：一是作为形容词，主要指有利于学校教育顺畅实施的状态，这时的"生态"主要是指"生态的"；二是作为名词，指学校教育环境总体以及包括人在内的物与物的相互关系，这时的"生态"是指一种利生性（有利于生存、生长、发展）的总体关联。教育生态学视角让我们意识到，学校教育生态，一方面始终保持着与学校生存、生长、发展的密切关联，另一方面其又具有总体性、整体性和全面性的指称。

站在生态的角度思考教育与学校教育，运用生态学的原理解构教育与学校教育，采取生态学的方法重新建构教育与学校教育，会让我们有一种豁然开朗的感觉：在生态的视域下，教师、学生、学校、社会将不再是单独的供体或受体，而是会成为一个相互影响、相互支持的统一整体，学校教育（乃至整个教育领域）将变成一种自适应、自生长的永生平衡体，我们相信，在这样的平衡体中运用生态学的基本思想（生态系统和生态平衡）和方法论（层次观、整体论、系统学说和协同进化）更能提高教育（学校教育）效果，使教育（学校教育）的功能得到最佳发挥，更能真正促进教师与学生的共同发展。

生态学最基本的思想是生态系统和生态平衡。生态系统强调各个组成部分在机能上的有机统一，各个组成部分之间或系统之间的相互依存和因果联系；强调部分是整体的部分，不能从整体中割裂开来，但可以把一个大的系统分成大小不同的生态系统进行分析和研究，只要有主要成分,并能相互作用,得到某种机能上的稳定性,哪怕是短暂的,这个整体也可以视为生态系统;生态系统是有边界、有范围、有层次的系统,任何一个被研究的系统都可以和周围环境组成一个更大的系统,成为较高一级系统的组成部分;生态系统强调能量、物质和信息的交流,生态系统的原理就是联系和共生的原理。生态平衡是指一定时间内生态系统中的生物与环境之间、生物各个种群之间,通过能量流动、物质循环和信息传递,使它们相互间达到高度适应协调统一的状态。生态平衡并不意味着绝对意义上的静止状态,它是动态的存在,当系统内某一处或某一部分有变动时,甚至会引起整个系统的变动,导致整个系统出现不平衡状态。但是,系统又可以借助自我调节机制或者人为调节机制恢复到原来的较为稳定、平衡的状态,甚至进入新的稳定的状态,建立新的平衡,使结构更加合理,也更能有效地发挥作用。正是这种由平衡到不平衡再到新的平衡的反复过程,推动了生态系统整体和各个组成部分的发展和进化。运用生态系统和生态平衡的思想思考教育、思考学校教育,会让我们得到有关教育、有关学校教育更本质的理解。

生态学的方法论包括层次观、整体论、系统学说和协同进化等。"生命物质是有结构层次之分的,有高层次和低层次之分,每一生命层次都有各自不同的结构和功能,低层次结构可以发展成为高层次结构,因此要想了解一个高层次结构,可以通过先了解低层次结构来进行,如果想更清楚地了解低层次结构,也可以将其放置在高层次结构下,这样会看得更清楚",这样的思考方法就是生态学的层次观。所谓整体论，是指低层次结构相加并不等于高层次结构，也不会出现高层次结构所独具的特征，高层次结构具有低层次结构相加所不具有的特性，也就意味着高层次是一个新的整体，当我们把不同层次作为研究对象时，一定要把它作为一个整体来对待。"系统是指各具功能且相互间有机联系的一些组分或要素所形成的有机整体。生物的不同层次既是一个生态整体，也是一个系统，既可以分析系统各个组分或要素之间的相互作用、相互反馈与调控，又可以在整体意义上研究系统的功能"，这就是系统学说。协同进化是指各生命层次的整体特性和系统功能都是生物与环境长期协同进化的产物，协同进化是普遍的现象。运用层次观、整体论、系统学说和协同进化等方法重新建构教育与学校教育，我想，一定能更好地提高教育（学校教育）效果，促进教师与学生的共同发展。

现在，让我们回到从教育生态学的视角思考"什么是学校教育生态"的话题，来看一看在生态学视域下"什么是学校教育生态"。

我们可以把一所学校看作一个生态系统，它有自己的边界，有自己的组成成分和结构，并且在自己的系统范围内努力地动态平衡着。同时这所学校又是更大系统的一部分，其受到更大系统的制约，当然也会影响更大系统的运行。在生态学视域下理解"什么是学校教育生态"，一言以蔽之，即"一个有边界的小的教育生态系统，其拥有完整的成分与结构，其利用其结构可以发挥重要的教育功能，其努力地通过调节与适应追求着教育的平衡，其也是更大教育生态系统的一部分"。

第三章 现代化学校教育生态建构的本质性思考

站在教育生态学的视角思考学校教育生态的构建问题，我们认为，要想更好地维持学校教育生态的动态平衡、更好地提高教育（学校教育）效果、更好地促进教师与学生的共同发展，就要求我们在具体实践的过程中运用教育生态学的思考方式来分析问题。下面介绍克雷明指出的教育生态学三种思考方式，作为构建良好学校教育生态的思考基础，希望能够为大家带来启示。

（1）全面地思考

克雷明认为，在制定公共教育政策时，必须全面地思考教育现象和问题，包括既要看到各种教育机构的存在，也要看到公立学校取得的成功都不是通过单独或者孤立地发挥作用而来的。所以，"不要把所有的成就都归功于学校，也不要把所有的缺点都归罪于学校"，"教育必须从整体上加以考察，它不仅贯穿人的整个一生，而且必须关注所有发生教育的情境和机构"。

（2）联系地思考

克雷明指出，除了全面地思考教育，还必须学会有联系地思考教育现象和问题。学校教育要与其他教育机构甚至其他社会机构联系起来；这同时还意味着在对任何一项教育计划进行评估时同样也必须考虑来自其他教育机构的影响，例如在对学校进行教育评估和教育责任分析时，必须将学校和其他教育机构联系起来思考，应该反对任何将问题简单化和片面化的倾向。

（3）公开地思考

克雷明指出，教育公共政策的制定是在地方、州、地区、联邦和国际等多个层面、不同的地方进行的,也可以在立法机关、法庭、行政机构、私人及私营企业和公司中进行。为了在个人利益和公共利益之间寻求一种平衡,克雷明提出了"公共对话"这样一种方式,在公众讨论中关注大家共同的教育利益;另外,公开地思考还意味着必须合理地看待人的个性与社会共同利益之间的关系,"对话"仍然是在个体需求和社会需求之间取得适当平衡的无可替代的选择,从小团体中的非正式"对话"到程序化的更正式的"对话",来探讨什么知识、什么价值、什么技能以及什么情感是我们社会和个人应该共同拥有的。

克雷明的教育生态学思想指明了教育系统的整体性、联系性和复杂性,也为我们进一步构建更有效、更现代的学校教育生态提供了思考方法。

二、怎样的学校教育生态建构可以促进教育现代性不断增长和实现

在理解了"什么是学校教育生态"问题之后,我们来聚焦一下"怎样的学校教育生态建构可以促进教育现代性不断增长和实现"的问题。这个问题把我们从理论分析拉回到了现实的实践操作。

请允许我借用上一章中"现代化学校(中学)的特征"的相关内容作为纲目,运用生态学的原理、方法和思考方式,来具体谈一谈

"怎样的学校教育生态建构可以促进教育现代性不断增长和实现"。

相信大家还记得下面这张以"北师大实验中学在现代化学校（中学）建设中的一些探索和思考"为基础构建的具象化实践图（图3.1）。

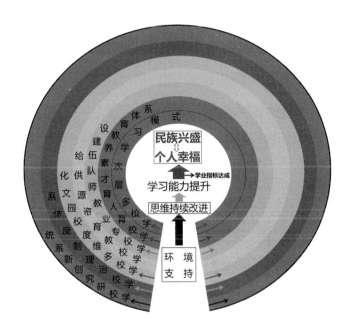

图 3.1 北师大实验中学组织结构示意图

从教育生态学的角度而言，图中的"环境支持"就是学校教育生态中重要的成分组成与部分结构状态，这些成分与结构相互协调共同支持学校教育功能的发挥，它们也是"促进学校教育现代性不断增长和实现"的关键所在。下面分别对"环境支持"的七点内容做详细的分析。

（1）建立学校研究、创新系统，助力学校科学、可持续地发展。

人的现代性特征之一是学会改变（持续改进、持续适应），学校作为培养现代人的重要基础，促进每一个人提升应对未来的适应能力是学校现代性的重要体现。要想促进人提升应对未来的适应能力，就要求学校具备持续理性、持续创新的能力，建立学校研究、创新系统正是对学校持续理性、持续创新能力的支持。

建立学校研究、创新系统，不仅对于学校保持持续理性、持续创新能力进而促进学校科学、可持续地发展至关重要，更是促进教师和学生提升应对未来的适应能力的关键所在。这样的系统能够助力学校在不断变化的社会环境中保持敏锐的洞察力和灵活的应变能力，从而为学生提供一个更加优质、前沿的教育环境。

学校研究、创新系统的构建，首先需要学校具备前瞻性的视野和创新精神。学校应当明确研究与创新在学校发展中的核心地位，并将此作为提升教育质量、增强学校竞争力的重要手段。在此基础上，学校需要制定明确的研究与创新战略规划，包括研究方向的确定、创新项目的选择、资源的合理配置等。同时，学校应当建立一套完善的研究与创新管理机制，明确各项工作的责任主体和执行流程，确保研究与创新活动的有序进行，包括项目立项、项目实施、成果评估等各个环节的管理，以及人员、经费、设备等资源的保障。

学校研究、创新系统建立之后，特别要在学校治理制度体系、学校多维度校园文化、学校教育资源供给、学校专业教师队伍建设、学校育人育才素养教育体系和学校多层次学习模式六个部分做更加前瞻、系统、理性、创新的研究工作，并为学校未来发展的决策提供咨询服务、证据支撑与理论支持。通过建立完善的学校研究、创新系统，学校可以取得以下可预见的成效：一是提升教师的科研能力和教学质量，为学校培养更多优秀人才奠定坚实基础；二是提高学生的创新能力和实践能力，为他们的未来发展打下良好基础；三是增强学校的整体竞争力和社会影响力，为学校的长远发展注入强大动力。

展望未来，随着科技的不断进步和社会的快速发展，学校研究与创新将面临更多的机遇和挑战。学校应当紧跟时代步伐，不断完善研究与创新系统，探索新的研究方向和创新模式。

（2）建立完备的学校治理制度体系，促进学习者社会化发展。

在《中国教育现代化2035：从规划到实践》中有这样明确的表述："推进教育治理体系与治理能力现代化，是中国特色社会主义教育现代化的重要内容之一，也是实现中国教育现代化的重要路径之一。必须建立完备的教育治理体系并具有良好的治理能力，才能确保中国教育现代化建设的有序推进。"这句话也完整地诠释了建立完备的学校治理制度体系对于"教育现代性不断增长和实现"是具有重要意义的。

因为建立完备的学校治理制度体系是国家对于学校的要求，所以此处不再论述"为什么要建立"的问题，而是想从"人性"的角度谈一谈学校治理（管理）现代化改革"怎样做"的问题。

首先有必要来区分一下管理与治理。管理与治理本质上都有规范（计划＋组织）、领导、控制的意思，但治理的逻辑可以涵盖宏观、中观与微观层次，而管理更多关注中观、微观的逻辑。治理在宏观上指向使资源合理配置进而形成完整的生态；中观上侧重于事前控制，即激励系统的机制建立；微观上更多地关注效性与效率。管理则更多地考虑中观与微观逻辑，其在中观层面侧重于事中、事后的控制，是激励、战略实施过程中的控制和修正，微观层面上史多地考虑具体目标达成的过程与结果。变管理为治理，是从一元单向到多元交互共治的结构性变化，是从人治到法治的制度性变化，更是向着更人性、更高效的目标实现前进的变化。管理与治理并不矛盾，具体事物运行上，需要治理与管理的融合，以治理的逻辑进行规划、设定运行的模式，以管理的逻辑调控具体资源的计划、组织、领导、控制。变管理为治理是理念的进化，更需要行为上的演进，将治理与管理融合，才能确保具体事物的顺畅运行。

谈及管理现代化，研究比较深入的是在企业管理领域。企业管理现代化是指在企业管理中广泛运用系统论、控制论和信息论等边缘科学，采用以电子计算机为核心的管理手段，建立符合社会化大生产要求的管理组织，从而使企业管理活动达到当今的世界现代化发展水平。企业管理现代化的基本内容包括：①管理思想现代化，包括战略管理观念、创新管理观念、经济效益观念、适应市场观念、人力资源管理观念、法制与道德观念等。所谓"世易时移"，它要求我们根据时代变化，以全新的眼光审视整个管理过程，兼顾企业与社会两方面利益实施管理。②管理组织现代化，包括管理组织高效化、管理人员专业化、管理方式民主化。它要求最大限度地从整体出发，按职责分明、领导和指挥统一等原则合理组织机构，使用人才，健全各项规章制度，以形成完善、科学、高效的管理组织体系。

③管理控制现代化,包括确立全新的控制标准、建立健全管理信息系统、研发和使用新兴控制原理和技术、建立有效的反馈系统。通过这四个方面,企业可以对管理活动的效果进行校正。④管理手段现代化,可以通过引入管理信息系统和推行电子商务来实现。类比企业管理现代化,我们可以尝试解读学校治理(管理)现代化的问题。实现学校治理(管理)现代化,最基本的要做到:①更新学校治理(管理)观念与结构,发挥现代治理(管理)思想的引领作用;②营造关怀情感场,推进学校治理(管理)民主化进程;③规划学校品牌,促进管理者素质的现代化;④强化校本研究,科学地确立学校运行的核心工作(如保证教学的中心地位),建立符合学校可持续发展的动态更新模式;⑤加快数字化校园建设,实现治理(管理)技术手段现代化。

以上的认识让我想到了 XYZ 理论,这些理论都是从"人性理解"角度生发的管理理念。这让我突然有了这样的一个想法:学校治理(管理)现代化——由 X 到 Y 到 Z。

X-Y 理论是由道格拉斯·麦格雷戈(Douglas M·Mc Gregor)于 1957 年在《企业的人性面》(*The Human Side of Enterprise*)一书中首次提出来的,实质上是 XY 假设。X 理论假设人的工作动机是为了获得经济报酬的"实利",从人性的角度认为人是懒惰、保守、漠视的;Y 理论是和 X 理论对立的,它指出个人目标与组织目标相融合,是自我实现的一部分,认为人是负责、能够自律并有想象力的。一言以蔽之,X 理论主张人性本恶,Y 理论则主张人性本善。Z 理论是威廉·大内于20世纪70年代在比较了日本企业和美国企业的不同管理特点之后，参照X理论和Y理论，提出的一个在美国任务式管理方式上加入了亚洲人情化管理方式的管理理论。Z理论强调管理中的文化特性，主要由信任、微妙性和亲密性所组成。根据这种理论，管理者要对员工表示信任，而信任可以激励员工以真诚的态度对待企业、对待同事，为企业而忠心耿耿地工作；微妙性是指企业要根据对员工的不同个性和特长的了解，使其组成最佳搭档或团队，增强效率；而亲密性则强调个人感情的作用，提倡在员工之间应建立一种亲密和谐的伙伴关系。

针对学校治理（管理）现代化的改革，我的观点是：学校的治理（管理）现代化改革需要经历由X到Y到Z的过程，最终实现与Z理论相类似的模式。

X理论在学校治理（管理）现代化改革中的价值在于"基于制度的学校法制逻辑与框架构建"。在X理论中，"目标"与"目标的高效达成"是唯一核心，人的情感的积极价值不在考虑范畴中，人仅仅是目标达成过程中的一种材料，几乎可以全部采用"控制"模式以预防人的不良影响。这种冷冰冰的逻辑非常适合针对拥有明确目标进而为达成目标设立"法制制度框架"与"基于制度的行为底线"的行为。合理的"法制制度框架"与"基于制度的行为底线"的设定是学校治理（管理）现代化改革中极其重要且必要的一步。

Y理论的善意在学校治理（管理）现代化改革中的价值在于"创建学校整体教育生态文化"。学校是知识分子的集中地，文化人一般都是自律、有个性且有自我追求的。如果能够通过信任、善意、认同、尊重、协同的模式激发学校中所有人的内驱动力，那将是无比美好的事情，这样的美好不但有助于每个人的可持续成长，更可以促进学校目标的高效达成。建立这样的美好需要运用Y理论促使全校达成人性理念的共识，创建一种具有自持续、自完善的学校教育生态文化，在这样的文化氛围中，所有人的行为都能舒适地位于学校"法制制度框架"之内，所有人的做法与自我要求都能自然地达到学校"基于制度的行为底线"之上。

Z理论进一步考虑到了治理（管理）中文化特性的作用，其在学校治理（管理）现代化改革中的价值在于可以作为"促进学校目标高效达成、促使学校教育生态文化自完善发展"的实施（行为）保障。以日本企业为典例进行研究的Z理论，其文化特性的思考是基于东亚文化圈特点的，中国文化是东亚文化圈的主导者，因此，Z理论中谈及的文化特性（信任、微妙性和亲密性等），同样值得中国在治理（管理）实践中借鉴。学校治理（管理）现代化的具体落实是离不开我们的文化特性的，无论学校的"法制制度框架"创建得怎样合理，无论学校的"基于制度的行为底线"设立得怎样完善，无论学校的整体教育生态文化发展得怎样美好，具体到实施行为时，都必须考虑信任、微妙性和亲密性等有关中国文化特点的内容，否则所谓学校治理（管理）现代化将会变为镜花水月、空中楼阁。

中国的文化特性是一个大课题，阐述其广博、其灵活、其多样、其道、其术……都已超过了我的能力范围，具体的认识只能依靠所有实践者且学且思且行且悟。具体到 Z 理论中的提及的信任、微妙性和亲密性等文化特性对学校治理（管理）现代化实践的提示，我想提醒的只有一点，即"度"，也就是在学校治理（管理）现代化的实践过程中，信任、微妙性和亲密性等文化特性最关键的就是要讲求一个适合的"度"。在以中庸平衡为最高境界的中国文化中，"度"的拿捏是技术，更是艺术。

（3）创建多维度校园文化，为学习者理性思维及感性思维的发展提供支持。

校园文化的本质是培养人、塑造人、影响人、发展人、完善人的社会性实践活动，也是学校课程的重要组成部分，属于现代教育中的隐性课程。加强校园文化建设的根本目的是满足广大师生不断增长的物质和精神文化的需求。校园文化是学校重要的组成部分，反映着学校的特点、面貌、气质和个性，是学校发展的灵魂。校园文化与学校教育教学活动具有密不可分的关系。校园文化在潜移默化中影响着每一个成员的思维和行动。健康、向上、丰富的校园文化对学生的品性形成具有渗透性、持久性和选择性，对于立德树人、提高学生的人文道德素养、拓宽学生视野、培养全面发展的人才具有深远意义。

校园文化是以校园为空间，以学生、教师为参与主体，以精神文化为核心的物质文化、制度文化、行为文化相统一的具有时代特征的一种群体文化。学校师生的日常工作是围绕学校的教学这一中心工作展开的，包括参与学校物质环境的建设与保护，参与制定、执行学校的各种制度与条例，参与开展学校的各种精神文化活动。正是在师生参与学校的各类活动过程中,他们感知各种信息,体验各种态度与情感,并内化为其个性中稳定的品质。伴随着这些过程的进行和深化,师生所感知的各种信息渐成体系,所体验的态度与情感日益深刻,其个性品质也渐趋稳定,逐渐形成师生的价值体系、情感风貌和行为规范系统,即校园文化。

校园文化是学校的灵魂,对学生起着潜移默化的作用,影响着学生的发展与成长。校园文化不仅能够陶冶情操、规范行为、引导认知,也能够起到凝聚激励、实践锻炼的作用。校园文化作为学校的灵魂,表现为不同的层次:一是体现在校园环境的硬件建设上,即校园物质文化;二是体现在学校的文化行动上,即校园行为文化;三是体现在学校的各项规章制度中,即校园制度文化;四是体现在学生的精神及思想上,即学校精神文化。校园物质文化、校园行为文化、校园制度文化、校园精神文化四者之间相互交融、相互渗透,构成了校园文化的特殊影响力。

校园文化建设是一个由表及里、由浅入深的系统工程,也是一个漫长艰巨的过程,具有多形态、多层次、多侧面、多角度的特点。从"促进学校教育现代性不断增长和实现"的角度思考校园文化的建设,结合以上关于校园文化的论述,就得出了"创建多维度校园文化,为学习者理性思维及感性思维的发展提供支持"的结论,从学校实际工作的开展的维度,将这个这个小标题展开,其实我想表达三层意思:其一,构建以研究、创新为核心的学校学术氛围,为学习者提供拓展其理性思维发展的环境;其二,多层次、全过程、多形态推进学校文化建设,为学习者提供助力其感性思维发展的环境;其三,助力学习者达成"视野开阔、个人幸福、心系祖国、胸怀世界"的生命状态。

(4)改善学校教育资源供给,促进学习者全面发展。

首先请允许我对学校教育资源供给做一下简单的解读,此处所提及的学校教育资源供给均指向于保障性资源供给,具体包括国际视野、信息化支持、服务保障系统、家—校—社资源等。

改善国际视野层面的教育资源供给,对于学生的未来发展至关重要。国际视野,是指人们能够从全球的角度去看待和理解问题,而不仅仅局限于自身的文化和地域。对于学生而言,拥有国际视野意味着他们能够更好地理解不同文化背景下的价值观、信仰和习俗,这对于他们未来在多元化的世界中生活和工作至关重要。《中国教育现代化2035》指出,社会主义现代化强国,不是霸权强国,而是秉承"命运共同体"精神的友善型、文明型强国。它强调"中国梦"与"世界梦"美美与共。我国社会主义现代化强国建设,需要构建促进人类命运共同体需要的国际教育体系。在中学阶段的学校教育实践中,构建中外教育交流合作的现代化模式与机制,为学生提供中外教育交流的机会,建设促进学生国际视野提升的教育资源供给系统,是促进学生全面发展、提升应对未来适应能力的需求,也是中国教育现代化发展的要求。

改善信息化支持层面的教育资源供给,对于未来学校教育的顺利开展大有裨益。信息化建设是教育变革的关键领域。《中国教育现代化2035》提出"加快信息化时代教育变革"的战略任务,要求建设智能化校园,探索新型教学方式,创新教育服务业态,推进教育治理方式变革。因此,对于学校而言,改善信息化支持层面的教育资源供给,将会成为影响学校教育未来发展的决定性因素之一。具体到操作层面,学校可以在以下四个方面着力:其一,创新教育信息化政策。结合信息技术发展的趋势及特点,建立健全学校教育信息化规则机制,引领学校教育信息化、现代化实践发展。其二,打造智能化现代化学校。建设智能化学校管理平台,加强学校网络与基础设施建设。其三,推动信息技术与教育教学深度融合。建设信息化环境下的教与学空间,探索信息化支持人才培养和个性化教学实践,以新技术引领教育教学系统不断优化。其四,实施基于信息技术的学校教育治理(管理)。建立基于数据的学校教育决策与管理机制,促进学校高质量发展。

改善服务保障系统层面的教育资源供给,对于学校教育的整体运行不可或缺。服务体系的完善是学校教育能够顺利落实和未来高质量发展的基础保障。优化学校服务保障体系应该提升到学校发展的战略高度来思考,通过构建高效的后勤保障,提升校园服务质量,革新管理模式,确保教育活动的顺畅进行。对学校来说,改善服务保障系统层面的教育资源供给,无疑是推动学校教育稳定前行的核心要素之一。在实践操作上,学校可聚焦于以下四个方面:首先,革新服务保障机制。根据现代教育发展的需求和趋势,完善和优化学校服务流程与管理规定,确保学校各项服务工作的规范化、高效化。其次,构建高效的服务团队。通过专业培训,提升服务人员素质,为师生提供更加周到的服务。再次，促进服务与教学管理的深度融合。营造舒适安全的学习环境，支持学生的全面发展，通过优质服务助力教育教学活动的顺利进行。最后，推行数据驱动的服务管理。运用现代信息技术，对学校服务进行智能化、精细化管理，以提升学校整体运营效率和服务品质。

改善家—校—社资源层面的教育资源供给，对于学校教育生态的整体构建必不可少。学校教育是一个生态系统，也是教育这个更大生态系统的组成部分，站在"教育生态系统"的视角思考学校教育，家庭教育、社会教育以及家—校—社整体的协调，一下子变得必不可少且非常重要。教育不仅关乎个体发展、家庭幸福，更关乎国家强盛、民族复兴。发展教育事业，家庭、学校、政府、社会要共担责任，形成合力，共同推动教育现代化的实现。在实际操作中，我们应当注重以下四个方面的资源整合与供给改善：首先，加强家校之间的沟通与合作。通过建立家长委员会、定期召开家长会等方式，促进信息共享，共同为学生的全面发展提供支持。其次，利用社会资源丰富学校教育内容。组织学生参与社会实践活动，邀请社会各界人士进校园分享经验，拓宽学生的视野。再次，推动学校与社区的文化共建。学校与社区共同举办文化活动，增强学生的社会责任感，同时促进校园文化的多元化发展。最后，整合家庭教育资源。通过家长学校、家庭教育指导等方式，提升家长的教育理念和育儿技能，为学校教育提供有力的家庭支持。通过这些措施，我们可以构建一个更加和谐、充满活力的教育生态系统，为学生的全面发展提供坚实的资源保障。

（5）建设拥有学习力且充满热爱的专业教师队伍。

教师是学校教育实施的主体。对于学校而言，建设一支拥有学习力且充满热爱的专业教师队伍，既是"促进学生学业深度和广度均能得到有效发展"的有效保障，又是学校未来高质量发展的核心支撑，更是中国教育现代化重要战略任务的要求。在《中国教育现代化2035》中，对于建设教师队伍的描述为"建设高素质专业化创新型教师队伍"，根据中学教师队伍的特点与需求，我把"高素质专业化创新型教师队伍"转化成了一种更感性的描述，即"拥有学习力且充满热爱的专业教师队伍"。"专业"是对中学教师的职业要求，其也代表了专业能力层面的高素质；"充满热爱"代表了教师对于职业、对于学生的情感状态，也代表了个人情感和修养层面的高素质；"拥有学习力"代表了教师的持续自我更新，也是创新型教师的基本素质。

为建设这样一支拥有学习力且充满热爱的专业教师队伍，学校需要从多个维度进行努力，包括但不限于教师的选拔、培养、激励和评价等。以下我试着从可实际操作的方面做一梳理，希望能给大家一些启发。

第一，严格教师选拔机制。

选拔是建设高素质教师队伍的首要环节。学校应该建立一套科学、公正、透明的选拔机制，确保具备专业素养、教育热忱和持续学习愿望的优秀人才能够进入教师队伍。选拔过程中，不仅要注重考察应聘者的学科知识和教学能力，还要关注其情感态度、教育理念以及持续学习的潜力。通过严格的选拔，可以为学校筛选出一批既有专业能力又有教育情怀的优秀教师。

第二，加强教师培训与发展。

教师的专业发展是一个持续不断的过程。学校应该为教师提供多样化的培训和发展机会，包括定期的教学研讨会、教育论坛、在线课程等，以帮助教师不断更新教育观念和教学方法，提高其专业素养。同时，学校还应鼓励教师参与教育研究项目，通过实践研究来深化对教育教学的理解，提升教学能力。此外，学校还应鼓励教师积极参与更广范围的学术交流与合作，拓宽教师的视野、提升教学能力。通过以上多方面资源供给与具体实施，不断提升师资队伍的整体素质和创新能力。

第三，建立良好的激励机制。

为了激发教师的学习热情和对教育的热爱，学校需要建立一套有效的激励机制。包括提供具有竞争力的薪酬待遇，给予优秀教师更多的职业发展机会，以及为教师的创新教学和研究成果提供必要的支持和资源。同时，学校还可以通过设立教学奖励、优秀教师评选等活动，表彰那些在教学和科研方面做出突出贡献的教师，以此激励更多的教师投身于教育教学事业。

第四，完善教师评价体系。

一个科学、公正的教师评价体系对于提升教师队伍的整体素质至关重要。学校应该建立以学生学业发展、教学能力、科研能力、师德师风等多方面为评价指标的综合体系，确保评价结果能够全面反映教师的专业素养和教育贡献。同时，评价过程应该公开透明，接受教师的监督和反馈，以确保评价的公正性和有效性。

第五，营造良好的教育生态。

除了上述措施外，学校还应该致力于营造一个积极向上、互相学习、不断创新的教育生态环境。包括加强教师之间的交流与合作，鼓励教师之间的知识共享和经验传承；提供丰富的教育资源和教学支持，帮助教师解决教学和科研中遇到的问题；倡导以学生为中心的教育理念，引导教师关注学生的全面发展，激发学生的学习兴趣和创新能力。

第六，强化师德师风建设。

在教师队伍建设中，师德师风的培养同样重要。学校应该通过定期开展师德教育活动、树立师德榜样、完善师德考核机制等方式，引导教师树立正确的教育观、学生观和质量观，增强教师的责任感和使命感。同时，学校还应该加强对教师行为的监督和管理，对于违反师德的行为要严肃处理，以维护教师队伍的整体形象和声誉。

第七，促进教师专业成长与自我更新。

教师的专业成长是一个持续的过程，需要教师自身具备强烈的学习意愿和自我更新能力。学校应该为教师提供专业发展的平台和资源，如设立教师图书馆、提供在线学习资源、组织教学观摩和研讨活动等，以帮助教师不断提升自身的专业素养和教学能力。同时，学校还应该鼓励教师积极参与教育教学研究和课程改革，为教师提供展示和交流的机会，激发教师的创新精神和教学热情。

第八，关注学生的全面发展。

教师队伍的建设最终要落实到学生的全面发展上。学校应该引导教师关注学生的需求和发展，提供个性化的教育服务。教师应该了解学生的特点和兴趣，关注学生的心理健康和成长过程，帮助学生树立正确的人生观和价值观。同时，学校还应该加强与家长的沟通和合作，共同促进学生的健康成长。

（6）建立系统化育人育才素养教育体系。

对于学校而言，建立系统化育人育才素养教育体系的核心目标是"促进学习者元学习能力与内驱力充分发展"，具体构建过程可以在两个层面进行落实：其一，以国家课程体系为基础的学校课程体系；其二，以国家课程体系为基础的学校实践活动体系（如果学校将实践活动体系纳入学校整体课程体系中，此处的落实就可以指向一个层面）。

学校通过建立系统化育人育才素养教育体系促进"学习者元学习能力与内驱力充分发展"是第二章中所论述的"学校现代化实践视域下的教育目的"——"通过教育，促进人思维水平的提升，促进人学习能力的提高，进而促进人的升维"——在实操关键落实点上的表述。

元学习能力，简而言之，就是学习者对于自身学习过程的认知与调控能力。它涵盖了学习策略的选择、学习计划的制订与执行、学习效果的自我评估等多个方面。而内驱力，则是指个体内部自发的、持续的、推动自我进步与发展的动力。这两种能力的培养，无疑是现代教育的重中之重，也是促进思维能力提升、学习能力提高以及整体升维的关键所在。

为了实现这一目标,我们必须首先认识到,传统的填鸭式教学已经无法满足当代学习者的需求。我们需要构建一个更加开放、多元、包容的学习环境,让学习者在这个环境中自由探索、勇于实践、不断创新。这样的环境不仅能够激发学习者的学习兴趣,更能够让他们在探索与实践中不断提升自己的元学习能力和内驱力。这个开放、多元、包容的学习环境的本质就是学校建立的系统化育人育才素养教育体系。

系统化育人育才素养教育体系的建立,需要从多个方面入手。第一,我们要重构课程内容,使其更加贴近学习者的实际生活,更加注重跨学科的学习。通过引入项目式学习、问题解决学习等模式,让学习者在实际操作中掌握知识,提升能力。同时,课程内容也要注重培养学习者的批判性思维,让他们在分析问题、解决问题的过程中,学会独立思考,形成自己的观点。第二,我们要改变传统的教学方式,从"以教师为中心"的模式转向"以学习者为中心,教与学并重"的模式。教师应该成为学习者的引导者、支持者和合作者,而不是单纯的知识传授者。通过小组合作学习、角色扮演、情境模拟等多种教学方法,激发学习者的学习热情,提高他们的学习参与度。第三,我们要建立完善的评价体系,这个体系不仅要关注学习者的学习成果,更要关注他们的学习过程和学习态度。通过自我评价、同伴评价和教师评价相结合的方式,让学习者更加全面地了解自己的学习情况,从而调整学习策略,提高学习效率。对以上三个入手点进行系统化整合,就形成了学校构建系统化育人育才素养教育体系的具体落实点——学校的课程体系和实践活动体系。

构建课程体系是学校教育工作的基石,也是实现育人育才目标的重要途径。在构建课程体系时,学校要坚持以学习者为中心,注重学生元学习能力和内驱力的培养。具体做法包括:第一,整合课程内容。学校需要对现有的课程进行整合和优化,确保课程内容既符合国家教育标准,又能满足学生个性化发展的需求。课程内容应涵盖基础知识与技能,同时注重培养学生的批判性思维、创新能力和跨学科解决问题的能力。第二,实施多元化教学方法。传统的教学方法往往侧重于知识的灌输,而忽视了学生能力的培养。在构建新的课程体系时,学校应采用多元化的教学方法,如项目式学习、探究式学习、合作学习等,以激发学生的学习兴趣,提高他们的自主学习能力。第三,引入评价机制。课程体系的构建还需要配以科学的评价机制。学校应建立多元化的评价体系,包括形成性评价和终结性评价,以及自评、互评和教师评价等多种评价方式,以全面、客观地评估学生的学习成果和素养发展。

实践活动是学生将所学知识应用于实际的重要途径,也是提升学生素养、培养创新能力的重要方式。学校的实践活动体系是一所学校系统化育人育才素养教育体系的重要组成部分。建立以提升学生素养为核心的实践活动体系的具体做法包括:第一,丰富实践活动形式。学校应提供丰富多彩的实践活动,如社会实践、科学实验、艺术创作、体育竞技等,以满足不同学生的兴趣和发展需求。这些活动不仅能够巩固和拓展学生的课堂知识,还能培养他们的团队协作能力、解决问题的能力以及创新精神。第二，加强实践活动的指导。教师在实践活动中应起到引导者的作用，帮助学生明确活动目标，提供必要的指导和支持，并鼓励学生自主探究和合作学习。同时，教师还要关注学生的情感态度和价值观的培养，使他们在实践活动中不仅学到知识，还能形成良好的品格和习惯。第三，建立实践活动的评价机制。与课程体系相似，实践活动也需要有科学的评价机制。学校应根据实践活动的特点和目标，制定合理的评价标准和方法，以便准确评估学生的实践成果和素养提升情况。

建立系统化育人育才素养教育体系是一个长期而复杂的过程，需要学校、家庭和社会的共同努力。通过整合课程资源、丰富实践活动、加强家校合作以及利用社会资源等方式，我们可以为学生提供一个更加全面、多元的学习环境，培养他们的核心素养和综合能力。

（7）创建多层次、个性化、灵活开放的学习模式。

学校是学习者学习的场所，促进每一位学习者学习能力的提升是现代化学校的重要目的。因此，"基于个体学习者的发育特点和个性需求进行设计，确保每一个学习者均得到适当发展"及"培养学习者终身学习意识和能力"就成为一所学校在教育教学落实层面必须考虑的内容。

对于一所公办中学校而言，创建多层次、个性化、灵活开放的学习模式，是达成以上两个教育教学落实层面内容的抓手。一言以蔽之，就是想方设法促进每一位学习者进行有效学习。

促进有效学习，既需要学校更新教育教学意识，也需要同时更新教育教学手段。在学校教育中,教与学是一对紧密相连的概念,课堂教学改革必然可以带来学生学习方式的转变,这种转变不仅要求学习理念的重塑、学习内容的重建,还要求学习方法的重构。实现有效学习,提高学习质量与学习效率,是教育现代化对教与学的本质要求。在当前教育变革的新背景下,从教育到学习成为一种取向,有效学习的概念正在发生变化,需要重塑有效学习的概念,确立有效学习的新要求。

第一,学会学习与终身学习。

传统的学习理念将学生学习看成是被动学习的过程,同时也是阶段性的。具体来说,一是强调学生在教师的指导下学习,将学生看作被动的学习者,片面地认为教育过程就是"教师教、学生学"的过程,而忽视学生的自主性、主动性;二是将学习看成阶段性的任务,只有学生时代才要学习,一旦毕业就没有学习可言了;三是将学习看成学生在学校的活动,而不是伴随一生的、持续的自我学习。很显然,在教育现代化背景下,必须改变这种传统的学习观。

要把学习建立在人的主动性、能动性和独立性的基础上,而不是过分强调人的客体性、受动性和依赖性。学生是有能动意识的个人,具有很强的学习能力,也有主动学习的意识。同时,随着信息技术和网络手段的广泛应用,大量信息知识扑面而来,如果人们仍旧被动地接受知识,而没有发挥主观能动性,消化、转化、吸收知识,那将会深陷于信息泥潭,无法自拔。学习应是主动建构的过程,教师应当引导学生学会学习,教给学生获取知识的方法,而不应是死记硬背、被动接受。

为此,要树立学会学习和终身学习的理念。1972年联合国教科文组织在《学会生存:教育世界的今天和明天》中提出学习型社会的概念。1996年的德洛尔报告《教育:财富蕴藏其中》则重申了终身学习的概念。2015年联合国可持续发展峰会上呼吁世界各国"确保包容、平等、有质量的教育和提升面向所有人的终身学习机会"。

现代知识日新月异,瞬息万变,为了适应社会无时无处不在的变化,我们的学习也应该时时进行,否则将会被社会淘汰。只有不断学习,不因毕业而终止学习,每个人才能不断成长、不断完善,把自己的生活过得更加丰富多彩。因而,现代学习理念应该是学会学习和终身学习。

第二,接受知识与发展能力。

当今的世界,人们应该学什么?传统的学习强调知识的客观性和不变性,认为现有知识是人类经验的累积与沉淀,学生学习的内容应该是固定的、传承性的,过分强调学生对知识的熟练掌握,学习就是不假思索的记忆训练。显然,这种思维在瞬息万变的现代社会是不可取的。

随着现代化的发展,今天学的知识或许明天就会被大数据取代,今天学的技能或许明天就会被信息技术取代。21世纪信息知识瞬息万变,人必须有能力在自己的一生中抓住和利用各种机会,去更新、深化和进一步充实最初获得的知识,不断提升与认知发展水平相适应的技能,使自己适应不断变革的世界。因而,学习的内容不仅仅是静态的知识，也是学生基于现有知识进行积极主动构造并动态生产的现代化的知识。在动态生产知识的过程中，学生将受用终身的不是死记硬背的知识，而是主动建构知识过程中所获得的各种自主学习的能力，如创新能力、合作能力、终身学习的能力等。

那么传统的静态知识是不是就不用学习了呢？世界文明几千年积淀的文化知识就这样完全被抛弃吗？这显然也是"一刀切"、不理智的。教师可以将静态知识与学生生活及现代社会发展紧密相连，选取现代化学习所必备的知识，引导学生用审视性的眼光，看待已有知识，"取其精华，去其糟粕"，这才是对待已有知识的正确态度。静态的知识是学习的基础之基础，是最基本的学习内容，而在静态知识的接受过程中，学生自主建构的知识和能力才是学习最主要的内容。只有把既有的静态知识与动态中生成的知识相结合，才能构成完整的、现代化的学习内容，才能培养学生学会认知、学会做事、学会共同生活和学会生存的能力。

第三，自主学习与合作学习。

现代教育日益强调，在致力于传递既有知识的同时，更应该努力培养个体主动获取知识和积极学习的动机与能力。使每个个体形成有效学习的方式方法，显然是教与学变革中必须重点关注的问题。学习方式方法涉及学习习惯、学习意识、学习态度、学习品质等因素，在学校或者课堂中，也涉及教师与学生的关系问题。

传统学习方式往往是教师主导的。学生是被动的，以机械记忆与反复训练为主，学生之间相互独立、相互竞争，学习变成学生之间对抗性的"竞赛"。而现代教育强调学生是学习的主人，倡导"自主、合作、探究"的学习方式。学生的学习可能不完全是教师安排的，而是自我的主动参与；学习不是个人化的、孤独式的学习，而更多的是集体式、合作化的团队学习；学习不完全是死记硬背、机械训练，而更多的是主动学习、自主探究、积极建构的过程。

学校和教师要为学生提供丰富多样的学习机会与学习活动，如综合性学习、项目式学习、混合式学习、问题引领式学习、探究式学习、合作学习等。同时，随着信息技术的日新月异，越来越多的学习方式不再受时间和空间的局限，线上和线下的学习可以相结合，学习可以随时随地进行。学习方式变革的根本是，鼓励学生自主与合作地学习，追求多样化、个性化和主动性的学习，从而培养学生的创新精神和实践能力。

第四章 北师大实验中学在进行现代化学校教育生态建设时的一些探索

本章将聚焦到北师大实验中学对现代化学校教育生态建设的具体探索上。

北师大实验中学创建于1917年,前身为北师大女附中,1968年开始招收男生,1978年改为现名。学校是新课程新教材实施国家级示范校、北京市首批示范高中校,是教育部和北师大进行教育改革的实验基地,是培养优秀中学生的摇篮。学校传承"求真、务实、守正、创新、包容、担当"的文化理念,以"做真教育、真做教育"的教育工作方针为指导,秉承"诚信、严谨、求是、拓新"的校训,坚持"以人为本、服务社会、追求发展、追求卓越"的办学理念,致力于培养"会做人、会求知、会办事、会生活"的"全面发展、学有特长"的英才。

学校始终把学生的健康成长放在首位,重视学生的全面和谐可持续发展。学校打造了"全员育全人"的生态环境,发展并建构"生本德育"的德育范式,通过德育管理民主化、德育队伍专业化、

第四章　北师大实验中学在进行现代化学校教育生态建设时的一些探索

德育课程精品化、德育活动系统化保障学生自主、健康、全面、特长发展。学校积极开创并持续完善课程改革，构建了以立德树人、五育并举为目标的多样化、选择性、任务群式课程体系，探索推进学习课堂模式，不断提高学生的学习品质和能力。学校大力加强各类拔尖创新人才的培养，开设理科拔尖创新人才实验班、人文特色实验班、全面发展的国际型人才实验班，开展"教体结合"的高水平体育人才培养模式实验等，真正做到以人为本，因材施教。

学校非常重视对学生国际视野和未来世界公民素质的培养，积极开展国际交流活动。学校与海外十几所学校建立友好校关系，每年组织20多个研学团出国出境考察和学习，与多所知名大学开展"直通车"项目，同时，学校还是联合国的全球对话学校和世界遗产青少年教育中心。

学校一贯重视教师队伍建设，创立伊始便广纳贤士，马寅初、陈荩民、傅仲孙、程春台、闵嗣鹤、胡絜青等全国著名学者和教育家都曾在校任教，并且先后有24位特级教师在此任教。学校现有教职工440余人，其中在职特级教师12人，基础教育研究员和正高级教师12人，高级教师172人，市、区级学科带头人及骨干教师、骨干班主任累计148人，绝对人数和比例均处于北京市前列；博士、硕士学历教师累计265人，约占专任教师总数的71%。

建校一百多年来，学校以治学严谨、育人有方闻名全国，为社会培养了一大批优秀人才。中科院院士郝诒纯、张树政，中国工程院院士胡启恒、钟掘，流体力学家陆士嘉，中将聂力，画家萧淑芳，经济学家吴晓灵，奥运冠军罗微等都先后从这里毕业。学校中高考成绩始终处于北京市前列，近年来高考一本上线率百分之百；学校国际部成绩斐然，每年一百多名毕业生全部升入哈佛、耶鲁、麻省理工等世界知名大学。

百年发展历程，学校取得良好的社会声誉，先后被评为全国中小学心理健康教育特色学校、全国十佳科技校、全国健康促进金牌校、全国传统项目先进校、北京市首批示范性高中校、北京市"全面育人，办有特色"先进学校、北京市课程改革先进校、北京市教育科学研究先进校、北京市金鹏科技团、北京市金帆舞蹈团。2020年被评为新课程新教材实施国家级示范校。

学校勇于承担社会责任，积极进行优质均衡教育探索实践。自2014年起成立北师大实验中学教育集团，到2023年已经发展成为包括9所中学、3所小学，跨越5个行政区的大型教育集团，有力地促进了区域教育优质均衡发展。

下面我们来具体谈一谈北师大实验中学对现代化学校教育生态建设的具体探索，由于篇幅所限，本章主要列出学校在现代化教育生态建设中较为核心的四点具体思考。

（1）学校组织结构改革。

（2）学校学生教育指导层面的顶层设计思考（即学校德育层面的顶层设计思考）。

（3）学校课程教学评价层面的顶层设计思考。

（4）学校教育教学具体工作实施层面的思考。

一、学校组织结构改革

"凡益之道，与时偕行。"在国家推进教育治理现代化的大背景下，北师大实验中学基于学校集团化建设与管理范式建构的需要，在2019年4月启动了旨在"完善管理结构、提高管理效率、为全校师生提供更优质服务保障"的学校管理结构及制度改革项目。

本着"边设计、边实践、边改进"的务实作风，依托现代化学校治理理念，经过五年的时间，学校建立了以"一轴两翼，八中心"为特征的新管理组织结构。伴随新管理组织的高效运行，以生为本的服务型平权管理理念得以贯彻，学校治理能力得到明显提升。

现对北师大实验中学新管理组织结构作简单介绍，参见下面的北师大实验中学组织结构示意图（图4.1）。

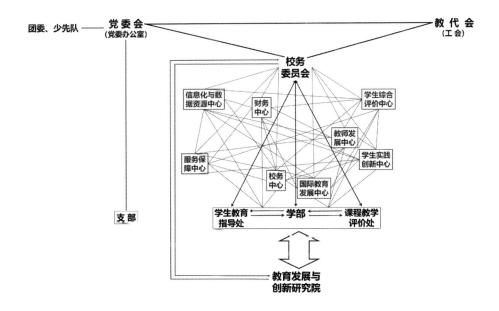

图 4.1　北师大实验中学组织结构图

1. 特征一：一轴两翼

（1）教代会、党委会、校务委员会（党政联席会）、学部、教育发展与创新研究院，构成了学校管理决策、教育教学实施与未来发展的"中心轴"，"两翼"代表学生教育指导处和课程教学评价处，与学部密切协作开展实施教育教学管理。

（2）部门职能简介。

①学部：学校教育教学实施的一线机构，面向学生、教师、家长的综合管理机构，负责教育教学工作的具体实施。

②学生教育指导处：学生教育与指导的研究和服务机构。包括面对全体学生的教育与指导、面向特殊学生的教育与指导等。（注：完成原学生处、学生成长指导中心职能，负责团委、少先队工作。）

③课程教学评价处：学校课程、教学、学业评价的研究、指导和服务机构。（注：完成原教学处职能、部分教务处课表职能，负责教研组工作。）

④教育发展与创新研究院：学校发展的研究与智库机构，指向学校现实问题解决的研究和学校未来发展的创新性探索；组织学校项目研究，设有"常设项目组"及"非常设项目组"，实现常态研究管理和动态研究管理。（注：完成原教科室职能。）

2. 特征二：八中心

（1）学生综合评价中心：学生数据服务，包括学籍、成绩、综合评价等。（注：完成原教务处考务部分职能和原学生处学籍、综评部分职能。）

第四章 北师大实验中学在进行现代化学校教育生态建设时的一些探索

（2）学生实践创新中心：学生"非课时"课程及实践、创新活动的研究与服务。（注：完成原科体艺中心职能。）

（3）国际教育发展中心：国际教育发展研究、国际与港澳台交流研究与服务。（注：完成原国际交流中心职能。）

（4）校务中心：校务委员会秘书服务，学校校务会（党政联席会）工作的传达与督办。（注：完成原学校办公室职能。）

（5）财务中心：校产管理、资金统筹管理、预算与审计管理，各层次财务服务。

（6）信息化与数据资源中心：学校教育信息化发展、数据服务、数字化资源建设等研究与服务职能。（注：完成原教育信息中心职能和原文化发展中心部分职能。）

（7）服务保障中心：学校安全与服务保障职能，包括物业部、食堂部、基础建设部、安全保卫部等。（注：完成原教育服务中心职能。）

（8）教师发展中心：聚焦于教师教育，覆盖教师职前、入职、职后专业发展的全过程，促进学校教师队伍专业化发展。

学校新管理组织结构与原来的组织机构设置相比，主要体现在"三取消""三新建""八调整"。

（1）三取消

①取消了教务处，将其并入学生综合评价中心，其中课表职责转课程教学评价处。

②取消了学生成长指导中心，将其保留名称，并入学生教育指导

处，统一管理。

③取消了文化发展中心，对其职能进行优化后，将其并入信息化与数据资源中心。

（2）三新建

①新建财务中心，促进学校的资产管理、财务管理更加科学。

②新建学生综合评价中心，促进学校育人育才评价体系更加科学、完善。

③新建教师发展中心，促进学校专业教师队伍的建设更加科学、系统。

（3）八调整

①学生教育指导处：原学生处与学生成长指导中心合并。

②课程教学评价处：原教学处，增加课程、学业评价、课表职责。

③学生实践创新中心：原科体艺中心。

④国际教育发展中心：原国际交流中心。

⑤校务中心：原学校办公室。

⑥信息化与数据资源中心：原教育信息中心，原文化发展中心并入。

⑦服务保障中心：原教育服务中心。

⑧教育发展与创新研究院：原教科室，增加研究项目管理。

二、学校学生教育指导层面的顶层设计思考（即学校德育层面的顶层设计思考）

（一）北师大实验中学德育工作概述

（1）北师大实验中学德育目标：培养"有自我棱角，促民族兴盛的中国人"。

（2）北师大实验中学德育理念：个体发展与国家社会发展相融合。

（3）北师大实验中学德育工作核心：北师大实验中学"德育生态字"建设。

（4）北师大实验中学德育工作原则：三导（思想引导、成长指导和行为督导）。

（5）北师大实验中学德育工作方式：四化（德育管理民主化、德育队伍专业化、德育活动系统化、德育课程精品化）。

（6）北师大实验中学德育工作内容：五大德育内容（理想信念教育、社会主义核心价值观教育、中华优秀传统文化教育、生态文明教育、心理健康教育）。

（7）北师大实验中学落实"德育工作内容"具体抓手：公民意识教育——"五声德育"（宫声德育——培养国家意识；商声德育——培养主体意识；角声德育——培养公德意识；徵声德育——培养法治意识；羽声德育——培养责任意识）。

（8）北师大实验中学德育工作途径：六大育人途径（课程育人、文化育人、活动育人、实践育人、管理育人、协同育人）。

（9）北师大实验中学落实德育工作途径具体方式：四项措施并举（以学科教学渗透、以实践活动孕育、以养成教育塑造、以校园文化滋养）。

（二）北师大实验中学德育工作顶层设计思考

1. 北师大实验中学"德育生态宇"建设

北师大实验中学百余年的历史与优良传统告诉我们，在学校"诚信、严谨、求是、拓新"的文化基因持续表达里，在学校"以人为本，服务社会，追求发展，追求卓越"的办学理念持续引领下，在学校"培养会做人、会求知、会办事、会生活，全面发展，学有特长英才"的育人目标持续实践中，在学校"创建文明、理性、善意学校教育生态"的治理观念持续推进时，建立有学校自身特点的"德育生态宇"是恰逢其时且势在必行的。之所以以"宇"的概念对其命名，原因有二：其一，在实验引导式的教育环境中，"自由""包容"为特色的德育氛围为优秀的实验学子提供了无限的心灵支持与资源保障，这样的支持与保障用"宇"这个更为宏阔的词进行界定更为恰切；其二，学校的德育生态不是一个完全被边界限定住的封闭系统，而更像是一个"有核心且不断螺旋拓展的无限宇宙模型（图4.2）"，它有核心目标，有完善的规则逻辑，有充分的资源保障，有无限的拓展潜力，如此具有核心且拥有无限生长能力的系统可以为处于其中的实验学子提供充分的成长动力与指导规范，用"宇"来描述更能准确体现其结构与价值。

第四章 北师大实验中学在进行现代化学校教育生态建设时的一些探索

图 4.2 无限宇宙模型图

北师大实验中学"德育生态宇"为学校的整体德育工作提供了核心目标与实施框架，如下图 4.3 所示。

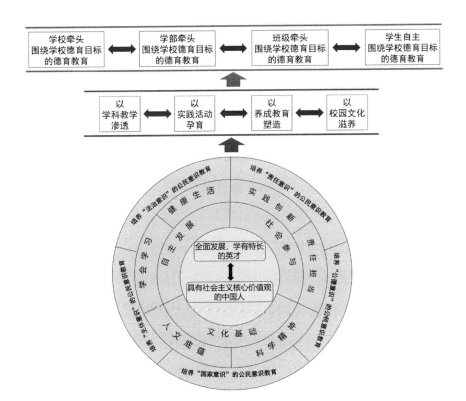

图 4.3 北师大实验中学"德育生态宇"示意图

北师大实验中学"德育生态宇"提供的德育核心目标与实施框架可概括为"一核两层,多措并举",具体说明如下。

(1)北师大实验中学的德育核心目标概括为"一核两层"。"一核"指培养兼具"具有社会主义核心价值观的中国人"特性与"全面发展,学有特长的英才"特点的实验人;"两层"指为了培养具有"一核"特征的实验人",需要以"三个方面六种素养"及"五个具体抓手"作为基础,"三个方面六种素养"指:文化基础、自主发展、社会参与三个方面,综合表现为人文底蕴、科学精神、学会学习、健康生活、责任担当、实践创新六种素养,"五个具体抓手"指以主体意识、国家意识、公德意识、责任意识、法治意识等五个方面公民意识的教育作为北师大实验中学德育的抓手。

(2)北师大实验中学的德育目标在具体实施层面可以概括为"多措并举",具体包含两个层次。从学校总体德育实施的设计层次上讲,包括"以学科教学渗透""以实践活动孕育""以养成教育塑造""以校园文化滋养"等四个方面;从学校总体德育实施的落实层次上讲,包括"学校牵头围绕学校德育目标的德育教育""学部牵头围绕学校德育目标的德育教育""班级牵头围绕学校德育目标的德育教育""学生自主围绕学校德育目标的德育教育"等四个方面。

(3)希望通过"一核二层"的德育目标设计和"多措并举"的德育实施框架,创建出具有北师大实验中学特点的学校"德育生态宇",在这个生态中,所有老师与学生共同形成合力,促进学校中每一个人的成长与发展。

2. 北师大实验中学"五声德育"构想

"五声德育"是北师大实验中学"德育生态宇"具体实施的表现形式,以宫声德育、商声德育、角声德育、徵声德育、羽声德育为主题,立足立德树人根本任务,以促进学生全面发展。

(1)宫声德育——培养国家意识。国家意识,即生活在同一国家的居民在长期共同的生活、生产、斗争中形成的对整个国家认知、认同等情感与心理的总和。国家意识是公民对国家的认知、认同意识,是社会个体基于对自己祖国的历史、文化、国情等的认识和理解而逐渐积淀而成的一种国家主人翁责任感、自豪感和归属感。它是一种政治意识,同时也是一种文化意识,它能在很大程度上激发公民的责任心和义务感,有利于国家的昌盛和民族的强大。培养国家意识是立足立德树人根本任务的基础保障,是德育工作的重中之重。

以宫声代表培养国家意识的德育,正是以"音之主"喻"德育之首"。

培养国家意识的德育重点在于加强理想信念教育及社会主义核心价值观教育,培养学生具有热爱中国共产党、热爱祖国、热爱人民的品德,帮助学生成长为有坚定信念、有远大理想、能奉献社会的中国人。

(2)商声德育——培养主体意识。主体意识是学生自主精神的体现,具体表现为:学生能够充分认识到自我独立主体的身份;学生能够清晰地意识到自己与国家、自己与集体、自己与他人之间的关系,并在这些具体关系中能够对自我的主体地位有完整准确的认识;学生能够正确地行使自身权力和自觉地履行应尽的义务。

以商声代表主体意识的德育，是想以"商声金质"的特性培养学生追求崇高、追求卓越的品性。

培养主体意识的德育重点在于个人品德的塑造，在北师大实验中学"德育生态宇"这样有核心且不断螺旋式拓展的校园文化下，在北师大实验中学这样"理性""自由""包容""善意"的校园氛围中，帮助学生成长为有公德、有自我、全面发展、学有特长的中国人。

（3）角声德育——培养公德意识。公德即社会公德，是指在人类长期社会实践中逐渐形成的、要求每个公民在履行社会义务或涉及社会公众利益的活动中应当遵循的道德准则，是指与国家、组织、集体、民族、社会等有关的道德。公德意识就是人们对在公共场合自觉遵守社会公德的认知、理解和态度。社会公德意识的有无或强弱，是一个人综合素质的具体体现，反映出一个人的道德修养水平。

以角声代表公德意识的德育，是想以"角声的木质气息及其水润流畅的生机特性"比喻用春风化雨般的德育将公德意识内化成为学生思想与行为的一种习惯。

培养公德意识的德育重点在于"外修于行，内修于心"。通过文化氛围的创设、公德知识的学习、行为习惯的塑造、身体力行的实践，帮助学生将公德意识"外修于行，内修于心"。

（4）徵声德育——培养法治意识。"没有规矩不成方圆"，从教育的角度思考，安全边界的设置是个人发展极其重要的基础，安全边界的最底线就是"法",大到国家的法律法规,小到朋友之间的基本约定,都可以属于"法"的范畴。法治意识本质上就是尊重"法"、认同"法"、敬畏"法"的思考与表现。

以徵声代表法治意识的德育,意为用"徵声火之磅礴"喻"法之威严",希望用"徵乐"热情高亢且不过分激昂的特性引导法治意识的德育向着"庄严"且"适度"的方向发展。

培养法治意识的德育重点在于"边界意识、底线意识的形成"。通过对"民主""人权""自由"等观念的探讨与价值分析,帮助学生自觉树立法治意识。

(5)羽声德育——培养责任意识。所谓责任意识,就是清楚明了地知道什么是责任,并自觉、认真地履行社会职责和参加社会活动过程中的责任,把责任转化到行动中去的心理特征。责任意识是一种自觉意识,表现得平常而又朴素。责任意识也是一种传统美德,我国自古以来就重视责任意识的培养。只有每个人都认真地承担起自己应该承担的责任,去维护大家公认的道德原则,提升自己的道德品质,并对社会和他人的权益体现出应有的关心,社会才能和谐运转、持续发展。

以羽声代表责任意识的德育,是希望用"涓流成溪的羽之水性"喻"潜移默化式责任意识的养成德育"。

培养责任意识的德育重点在于"责任的认同与践行"。通过全面的资源供给与多维路径的引导,帮助学生深刻意识并深度践行对自己、对他人、对家庭、对事情(事业)、对社会、对国家的责任。

（三）北师大实验中学德育顶层设计的理论论证

构建北师大实验中学"德育生态宇"的理论基点是"公民意识教育"与"平台教育理念"。将这两个理论与"社会主义核心价值观"及"中国学生发展核心素养"要求相结合，尝试构建出具有实验中学特色的"德育生态宇"。在"德育生态宇"基础上构建"五声德育"的实施形式，以保障学校德育以整体性、系统化的状态顺利实施。

1. 公民意识教育的必要性

随着经济的全球化发展，整个社会生活方式、人们的思想观念、伦理道德、社会制度等领域都受到了全球化的影响，全球化带来的明显变化促进了社会结构的深刻转型，也冲击着人的伦理观念和整个社会的伦理秩序，催生新的伦理精神与价值模式的产生，使学生的道德价值观进一步复杂化与多元化，这就要求学校德育必须转换视角，把道德教育置于全球化的历史背景下加以思考。学校应该把加强对学生的公民意识教育放在突出的位置，自觉按照公民意识教育的价值追求提升和改进学校的德育目标和德育内容。

全面建成小康社会目标的实现对公民的素质和能力提出了更高的要求，现代公民只有具备与社会发展相适应的自由竞争、独立自主、积极参与、团结协作、诚实守信、权利意识、遵纪守法等公民意识和能力，才能有效适应现代社会的发展。学校教育作为提高公民素质的主渠道，就应该承担起为未来社会培养具有正义、勇敢、负责、守法、诚信等公民品格的重要使命,将学生的责任意识教育、道德自律意识教育、公正意识教育、诚信意识教育等充实到学校德育的内容之中,清晰公民的内涵与外延,促使学生个体道德素质的全面提高,为现代化建设培养合格公民。

应该看到,在发展社会主义市场经济的过程中,对金钱的追逐失度,使得个人主义抬头,社会公德、责任感滑坡,市场经济带来的负面影响在一定程度上加剧了公民意识的缺失,因此让今天的学生形成健全的公民意识已经成为当务之急。比如,多数学生对公民角色的认识还处于不自觉状态,而忽视、淡化了自己作为公民的这一现代社会中最常见的角色;道德意识和法律意识方面,他们往往仅停留在认识和遵守道德法律的层面,却不愿主动举报或制止不道德和违法行为;权利意识和义务意识都不清晰,把义务与权利、义务与道德混淆在一起;有限的公民意识仅仅体现在书本或口头上,没有真正内化成为自觉意识,在日常行为中理论和实践脱节、知行不统一。因此中学生公民意识的培养任重而道远。

2. 公民意识教育的概念界定

公民是指在一个国家,具有该国国籍,并依据宪法和法律规定享有权利履行义务的社会成员。公民意识是公民在公民社会中所形成的对于自身主体性、权利和义务、社会身份、政治地位等的理性自觉,是公民对于公民角色及其价值理想的自觉反映,包括公民对自身的社会地位、社会权利、社会责任和社会基本规范的感知、情绪、信念、观点和思想以及由此而来的自觉、自律、自我视验,还包括公民对社会政治生活和人们行为的合理性、合法性进行自我价值、自我人格、自我道德的批判，对实现自身应有权利的主张和义务的担当，以及由此产生的对社会群体的情感、依恋和对自然与社会的审美倾向。

公民意识教育的宗旨是培养国家和社会所需要的有道德的公民，即有着积极的生活态度、政治参与热情、民主法治素养，能与其他公民和社会组织和谐相处，富有利他和献身精神的有德之人。当前学校公民意识教育的内容，就是对学生进行以爱国主义教育为基础，以公民道德意识教育、权利与义务意识教育为重点，以培养学生民主法治、自由平等、公平正义意识为核心的与社会主义核心价值观相契合的教育。

显然，公民意识教育与现代学校德育在教育目标、教育内容和教育的价值取向等方面有着高度的契合性和一致性，是和谐共生、相互支撑的关系。一方面，公民意识教育拓展了德育的研究视域和实践范围，丰富了学校德育的内容，创新了学校德育的理念，增强了学校德育的针对性和实效性；另一方面，当前学校德育把培养具有现代公民意识和独立主体人格的现代公民作为教育的重要内容，为实现德育的创新与发展提供了动力源泉。

3. 学生发展核心素养界定

学生发展核心素养，主要指学生应具备的，能够适应终身发展和社会发展需要的必备品格和关键能力。党的十八大和十八届三中全会提出要将立德树人的要求落到实处，2014年教育部研制印发

第四章 北师大实验中学在进行现代化学校教育生态建设时的一些探索

《关于全面深化课程改革落实立德树人根本任务的意见》，提出"教育部将组织研究提出各学段学生发展核心素养体系，明确学生应具备的适应终身发展和社会发展需要的必备品格和关键能力"。研究学生发展核心素养是落实立德树人根本任务的一项重要举措，也是适应世界教育改革发展趋势、提升我国教育国际竞争力的迫切需要。

中国学生发展核心素养以培养"全面发展的人"为核心，分为文化基础、自主发展、社会参与三个方面，综合表现为人文底蕴、科学精神、学会学习、健康生活、责任担当、实践创新等六大素养，具体细化为国家认同等18个基本要点。各素养之间相互联系、互相补充、相互促进，在不同情境中整体发挥作用。根据这一总体框架，可针对学生年龄特点进一步提出各学段学生的具体表现要求。

（1）文化基础

文化是人存在的根和魂。文化基础重在强调能习得人文、科学等各领域的知识和技能，掌握和运用人类优秀智慧成果，涵养内在精神，追求真善美的统一，发展成为有宽厚文化基础、有更高精神追求的人。

①人文底蕴。它主要是指学生在学习、理解、运用人文领域知识和技能等方面所形成的基本能力、情感态度和价值取向。具体包括人文积淀、人文情怀和审美情趣等基本要点。

②科学精神。主要是指学生在学习、理解、运用科学知识和技能等方面所形成的价值标准、思维方式和行为表现。具体包括理性思

维、批判质疑、勇于探究等基本要点。

（2）自主发展

自主性是人作为主体的根本属性。自主发展重在强调能有效管理自己的学习和生活，认识和发现自我价值，发掘自身潜力，有效应对复杂多变的环境，成就出彩人生，发展成为有明确人生方向、有生活品质的人。

①学会学习。主要是指学生在学习意识形成、学习方式方法选择、学习进程评估调控等方面的综合表现。具体包括乐学善学、勤于反思、信息意识等基本要点。

②健康生活。主要是指学生在认识自我、发展身心、规划人生等方面的综合表现。具体包括珍爱生命、健全人格、自我管理等基本要点。

（3）社会参与

社会性是人的本质属性。社会参与，重在强调能处理好自我与社会的关系，养成现代公民所必须遵守和履行的道德准则和行为规范，增强社会责任感，提升创新精神和实践能力，促进个人价值实现，推动社会发展进步，发展成为有理想信念、敢于担当的人。

①责任担当。主要是指学生在处理与社会、国家、国际等关系方面所形成的情感态度、价值取向和行为方式。具体包括社会责任、国家认同、国际理解等基本要点。

②实践创新。主要是指学生在日常活动、问题解决、适应挑战等方面所形成的实践能力、创新意识和行为表现。具体包括劳动意识、

问题解决、技术应用等基本要点。

4. 依据学生发展核心素养设计公民意识教育的主要内容

在现代社会，市场经济的发展加速了传统社会的整体性解体，使社会利益主体趋向多元化，社会需求向多样化和异质性发展，各种社会矛盾的增多成为现代社会的常态特征。公民意识的培育，可以维护社会整体利益，同时关注社会共同体中每一个人的权利与尊严。依据学生发展核心素养的具体要求，结合学生成长发展的实际需要，北师大实验中学将着重培育学生以下公民意识。

（1）主体意识

公民身份是指公民在法律上的角色，特指公民在社会中，个人作为参与或监督国家公权力运行的独立主体的一种身份，只有公民具有了身份意识，才能产生公民主体意识。公民如果对自己的公民身份没有明确的认识，就不可能认识到国家与自己之间的关系，就不可能对自己的主体地位有完整准确的认识，也就无法正确地行使政治权利和自觉履行应尽的义务。

（2）国家意识

国家意识，即生活在同一国家的居民在长期共同的生活、生产、斗争中形成的对整个国家认知、认同等情感与心理的总和。国家意识是公民对国家的认知、认同意识，是社会个体基于对自己祖国的历史、文化、国情等的认识和理解而逐渐积淀而成的一种国家主人翁责任感、自豪感和归属感。它是一种政治意识，同时也是一种文化意识，它能在很大程度上激发公民的责任心和义务感，有利于国家的昌盛和民族的强大。

（3）公德意识

社会公德简称公德，是指人类在长期社会实践中逐渐形成的、要求每个公民在履行社会义务或涉及社会公众利益的活动中应当遵循的道德准则，是指与国家、组织、集体、民族、社会等有关的道德。公德意识就是人们对在公共场合自觉遵守社会公德的认知、理解和态度。公德意识的有无或强弱，是一个人综合素质的具体体现，反映出一个人的道德修养水平。

（4）责任意识

所谓责任意识，就是清楚明了地知道什么是责任，并自觉、认真地履行社会职责和参加社会活动过程中的责任，把责任转化到行动中的心理特征。责任意识是一种自觉意识，表现得平常而又朴素。责任意识也是一种传统美德，我国自古以来就重视责任意识的培养。只有每个人都认真地承担起自己应该承担的责任，去维护大家公认的道德原则，提升自己的道德品质，并对社会和他人的权益体现出应有的关心，社会才能和谐运转、持续发展。

（5）法治意识

民主是一种国家制度，是人民为实现其当家做主的权利而采取的管理国家的制度、形式。民主的核心内容是保证人民的权利如何实现、国家的权力如何健康运行。法治即法的统治，法治强调法律作为一种社会治理工具在社会生活中的至上地位，并且关切民主、人权、自由等价值目标。民主是法治的前提，法治是民主的保障，民主与法治有机统一构成法治国家的政治基础。增强公民的民主法治意识，是建设社会主义法治国家的重要政治需要。

5. 公民意识教育的实施路径

中学时期是一个人社会化的关键时期，也是公民意识形成的关键时期，因此学校应重视对学生公民意识的培育。

（1）以学科教学渗透公民意识

将公民意识教育纳入学校德育课程体系是学校德育自身发展的必然趋势，也是当前学校德育实现其自身发展与创新的现实需要。中学阶段各学科已不同程度地渗透了公民意识教育的内容。在这种情况下，学校应把公民意识教育与课堂教学结合起来，注重在各个学科的课堂教学中渗透公民意识教育，强化学生的主体意识、权利意识等。

（2）以实践活动孕育公民意识

《新时代公民道德建设实施纲要》指出，公民道德建设的过程，是教育和实践相结合的过程。"纸上得来终觉浅，绝知此事要躬行"，一个人在公民方面的知识无论有多么渊博，若无切身体验和情感的介入，就不会有任何行动。因此，学校应把公民意识教育与实践活动结合起来。在课程的实施中，组织和引导学生开展丰富多彩的活动，让学生在活动中加强自理、自立能力和行为训练，提高公民意识和实际生活能力。

（3）以养成教育塑造公民意识

培养学生的公民意识，不仅要将公民意识内化为学生的信念，更重要的是将公民意识外化为学生的行动。学校要把学生的公民意识教育与行为习惯的养成结合起来，以《中学生守则》和《中学生日常行为规范》来规范学生的行为，将公民意识教育与行为习惯的养成结合起来，在学生的日常生活中加强对学生的公民意识教育。

（4）以校园文化滋养公民意识

学生的生活离不开学校，校园文化对学生公民意识的培养具有潜移默化的影响。校园文化对学生的公民意识的培养既有显性约束力，又具有隐性感染力。因此，学校应努力建设以培育公民意识为核心的校园文化，在校园物质文化建设的同时，特别重视加强校园精神文化和制度文化建设，包括校风建设、教风建设、学风建设、人际关系建设、组织机构建设和教师队伍建设，健全各项规章制度等，取得了"润物细无声"的良好效果。

6. 平台教育理念学校德育生态建立

"平台教育理念"是以北师大实验中学为基底研究获得的以培养"全面发展的人"为核心的宏观教育理念。

"平台教育理念"认为，无论怎样的教育理念，其核心都是人；无论怎样的教育实施，其目标都是培养更能够适应社会发展的人。人作为教育的主体，始终是教育的出发点和归宿点，只有让每一个人在其一生中都有所发展，才能促进整个民族、整个社会和整个世界的发展。"平台教育理念"就是基于"促进每一个人的人生发展"这样的思考而提出的。

从教育的角度探究，社会中的每一个人其实都既是学习者也是教

第四章 北师大实验中学在进行现代化学校教育生态建设时的一些探索

育者,在大多数情况下,这两种听上去截然不同的角色是每一个人必备的"同时属性"。为了更好地成就属于每一个人自己的人生,"平台教育理念"特别注重学习者与教育者这两种角色对于一个人的价值。"平台教育理念"认为,每一个人在社会生活中都首先是一个学习者,并且是"终身学习者",每一个人都需要足够的技能与思想、充分的实力和勇气来面对不断变化的世界,显然,理性的人一般会选择最为便利的方式,即从别人处借鉴适宜的技能和思想,来增强自身的实力和勇气。这样的过程让每一个人都能通过学习在其生命的不同阶段有所斩获,从这个意义上来讲,每一个人都是学习者,这样的学习切实地关乎每一个人自身的生存与发展。与此同时,作为学习者的每一个人其实也是别人的示范,也是别人的勇气来源,就这样,于他人而言,学习者的角色又转化成为教育者。也正是在这样的学习者与教育者相互依存、互相转化的动态过程中,所有人一起推动了社会的向前发展。每个人的个体智慧也都在这样的互动中不断地融入社会发展,成为社会向前发展的原动力。

"平台教育理念"希望每一个人都能做真实的自己,每一个真实的个体作为教育者集合在一起就可以给学习者创设出一个个拓展视野、增长见识的平台,在这些螺旋式上升的发展平台上,作为学习者的个体可以充分地感受教育,可以充分地"释放"自己;由于在这些平台上学习者可以得到足够多元的感受,因此学习者有足够的能力进行自我"创建",并进行"自省"过程,最终使每一个学习者都能够成为平和、自信和不受"奴役"的个体;这样的个体将会有能力进一步选择、创新适合自我发展的平台,并在这些适宜的平台上继续发展,获得属于自我的幸福人生。如果社会中的每一个人都经历了这样的自我实现过程,那么,整个社会就会实现在群体中"同一思想意识形态基础上的多样性选择",并以此为基础,促进社会不断进步,促使国家不断富强,促成民族不断前进,促得世界繁荣和平。

平台教育理念作为一个以北师大实验中学为研究基础生发出来的宏观教育理念,涵盖了每一个人的终身发展需求,关注到了每一个人思想意识形态的发展变化,希望通过多、广、全的资源供给助力每一个人,采用释放、创建、自省的模式促进每一个人的不断进步。作为北师大实验中学德育生态建立的保障性基础,平台教育理念恰如其分。

(四)北师大实验中学德育大纲

1. 北师大实验中学德育目标及指导思想与基本原则

(1)北师大实验中学德育目标:

培养公民意识;树立"四个自信";促进全面发展。

(2)北师大实验中学德育指导思想:

①全面贯彻党的教育方针。

②全面落实立德树人的任务。

③把社会主义核心价值观融入教育全过程。

④不断完善学校德育工作长效机制。

（3）北师大实验中学德育基本原则：

①坚持正确方向。

②坚持遵循规律。

③坚持协同配合。

④坚持常态开展。

2. 北师大实验中学德育内容

（1）理想信念教育。

（2）社会主义核心价值观教育。

（3）中华优秀传统文化教育。

（4）生态文明教育。

（5）心理健康教育。

3. 北师大实验中学德育方式

（1）课程育人。

①落实国家德育课程。

②强调学科课程中的德育。

③建立校本德育课程。

（2）文化育人。

①重视校园环境建设。

②创造校园文化氛围。

③规范网络文化建设。

（3）活动育人。

①建立节日、纪念日活动体系。

②注重仪式教育活动。

③开展校园节（会）活动。

④落实共青团、少先队活动。

（4）实践育人。

①开展主题教育实践活动。

②探索劳动实践。

③做好研学旅行。

④推广志愿服务。

（5）管理育人。

①完善管理制度。

②明确岗位职责。

③优化师德师风。

④注重学生行为规范。

⑤关注特殊群体。

（6）协同育人。

①做好家庭教育指导。

③探索社会共育机制。

4. 北师大实验中学德育的组织实施"五加强"

（1）加强组织领导。

（2）加强条件保障。

（3）加强队伍建设。

（4）加强督导评价。

（5）加强科学研究。

三、学校课程教学评价层面的顶层设计思考

（一）学校的教育哲学

北师大实验中学的教育哲学以"追求发展、追求卓越"为核心，旨在让每个学生都得到全面、充分且个性化的发展，使其达到个人最高水平。通过全面的教育体系和丰富的课程供给，学校致力于培养具有创新精神和领导能力的卓越人才，为他们的未来成功奠定坚实基础。这一教育理念不仅关注学科知识的传授，更注重培养学生的综合素养，使他们在成长过程中实现全面发展，为社会的繁荣和进步贡献力量。

学校强调"追求发展"，这意味着对学生的全面发展提出了要求。在北师大实验中学，教育不仅仅注重学科知识的传授，更关注学生的综合素养。学校致力于培养学生的创新思维、团队协作能力以及实际问题解决能力。通过多元化的课程设置和实践活动，学生在不同领域都有机会展现自己的潜力，从而实现个性化发展。学校鼓励学生积极参与各类社会实践和文体活动，培养他们的领导力和团队协作精神，

使其在成长过程中全面发展，不仅在学术上取得进步，还具备了更为丰富的综合素养。

学校注重"追求卓越"，强调每位学生都有潜力达到最高水平。在北师大实验中学，教育不仅仅是为了培养一批合格的学生，更是为了培养未来社会的领军人才。学校通过提供高质量的师资力量、优质的教育资源以及先进的教育技术，为学生提供了创造卓越成就的机会。学校鼓励学生追求卓越，不仅在学科上取得好成绩，还要在其他方面有所突破。无论是学术竞赛、艺术表演还是体育比赛，学生都被鼓励挑战自我、超越平凡、追求卓越。

学校鼓励的"追求发展、追求卓越"对于学生而言具有很强的个性化色彩。学校通过深入学习、更新观念、集体共识的方式，涵养"每位学生都是独特且有潜力的个体，需要更全面地理解，需要更个性地培养，绝不片面地看待学生"的整体教育文化；学校通过"精研课程标准，建立能多元、多层、个性化促进学生发展的单学科课程群"的做法，为每位学生的个性化需求提供充分的支持。在文化氛围的呵护下，在丰富的课程供给下，促进每位学生达成其个性化"追求发展、追求卓越"的目标。

（二）学校课程生态建设

北师大实验中学课程生态以培养学生核心素养为核心，以"国家课程"要求为依据，兼顾课内与课后，涵盖多维度、多层次学生需求。

第四章 北师大实验中学在进行现代化学校教育生态建设时的一些探索

北师大实验中学课程生态的核心是培养学生核心素养,其以"21世纪素养"作为内核,包括认知(例如批判思维、问题解决、论证等)、自我(例如自我调节、适应、元认知等)和人际(例如合作、领导力、冲突解决等)三大领域;以"中国学生发展核心素养"作为外核,分为文化基础、自主发展、社会参与三个方面,综合表现为人文底蕴、科学精神、学会学习、健康生活、责任担当、实践创新六大素养,具体细化为国家认同等18个基本要点。系统构建出北师大实验中学培养学生核心素养的本质含义与目标旨归。

北师大实验中学课程生态以"国家课程"要求为依据,根据所面向的培养对象分为"国家课程"(面向全体,开齐开足,分层实施)、"校本素养课程"(五育为纲,面向全体,满足个性,菜单式供应)、"拔尖创新人才培养课程"(支持个性化发展需求)、"国际型人才培养课程"(支持个性化发展需求)四个课程组。在具体课程建设时以学科为基础,开发出适合不同培养对象的课程群,具体见图4.4和图4.5。

现代化学校教育生态建设

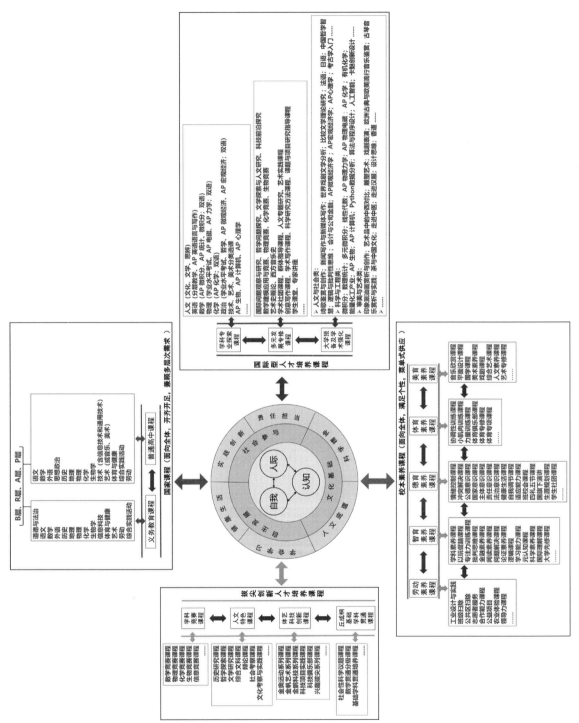

图 4.4 北师大实验中学课程生态建设示意图 1

第四章　北师大实验中学在进行现代化学校教育生态建设时的一些探索

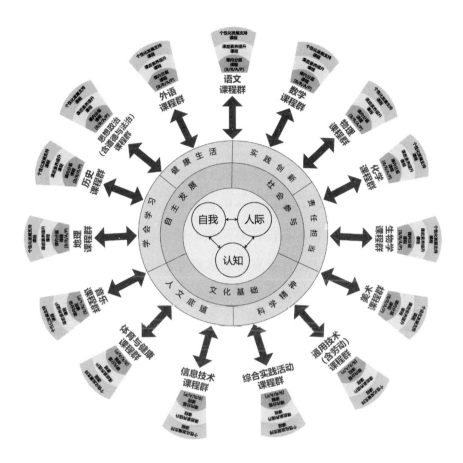

图 4.5　北师大实验课程生态建设示意图 2

北师大实验中学课程的实施以"五育并举融合育人"的理念作为基础，以"促进学生高阶思维能力发展的教学设计＋基于真实问题解决模式的学习实践"为具体实施方式，以"形成性评价"为具体评价方式，促进学生全面且有个性地发展。

（三）学校教学模式确立——推动 AI 助力背景下的教学革新，打造"学教并重，思维课堂"

随着信息技术和 AI 智能技术的发展，借助技术为"教师的教"和"学生的学"减负增效在现实中成为可能。通过技术的运用，可以实现教学资源的系统性整合，帮助教师优化教学模式、提高教学与评价质量、减轻工作负担；通过技术的运用，可以实现练习、作业、测试的无纸化布置和具体问题的即时反馈与指导，满足学生的个性化学习需求，有效帮助学生更好地理解和掌握知识，提升学习能力。

鉴于此，学校提出"推动 AI 助力背景下的教学革新"的教学模式探索。

"推动 AI 助力背景下的教学革新"的核心在于：借助信息技术和 AI 智能技术，创造性地实现"预习布置—资源提供—课堂互动—作业反馈—测试分析—个性化指导"的教学过程全流程革新，助力"教师的教"和"学生的学"。

"打造'学教并重，思维课堂'"的关键在于：关注每一堂课的教学实施，把握住"教"与"学"的平衡，既突出课堂教学中"教师要精心'教'"的重要作用，又强调课堂教学中"须促进学生'学'"的非凡价值。在每一堂课的教学实施中，以"从真实情景出发，促进学生思维能力（尤其是高阶思维能力）的发展，进而促进学生全面学习能力的提高"作为核心落点，用心设计课堂环节、悉心组织课堂资源、尽心落实课堂细节，打造具有教师自我特点的"学教并重，思维课堂"。

（四）学校课程教学评价共识

1. 学校课程教学评价原则

（1）采用"教—学—评"一体化的模式设计，以评促教，以评促学。

（2）注重从真实情景出发、从促进高阶思维能力发展的角度设计。

（3）以促进学生发展为核心，以促进学生学习为导向。

（4）强调针对性、过程性、适度性、科学性、方式多样性。

（5）注重基本习惯、基本知识、基本技能的落实。

（6）注重保护好奇、培育兴趣、鼓励自主、激励创新。

2. 义务教育阶段课程教学评价共识（表4.1）

表4.1　义务教育阶段课程教学评价建议表

分类	评价方式	评价具体建议说明	
		具体实施建议	频次及注意事项
形成性评价	课堂评价反馈	（1）**课堂表现性评价** 与学生在课堂互动中对其进行主观的表现性评价，以便教师利用这些评价信息进行差异化教学。 （2）**课堂个别交流式评价** 在课堂上，教师精心设计并提出有针对性且结构化的问题，通过教学问答、课堂讨论等方式，激发学生的好奇心，考查他们的理解能力，引发他们去思考和探索。 （3）**课堂过程性测练** 以选择题为主、论述题为辅，落实基本知识和基本技能，培养"学习—总结—梳理—落实"的基本习惯。	（1）课堂表现性评价和课堂个别交流式评价应在每节课持续体现。 （2）课堂过程性测练依据学科特点与学生实际情况进行设计，可以每节课均分配少量时间进行，也可以以单元为单位设计课堂测练。

续表

分类	评价方式	评价具体建议说明	
		具体实施建议	频次及注意事项
形成性评价	作业评价反馈	（1）作业评价 教师精心设计适量作业，以促进学生落实基本知识和基本技能，拓展学科思维，提升学科学习能力。 （2）个别交流式评价 教师针对作业问题，对学生进行个性化指导。	（1）依照课表，中考开闭卷考试科目、考查科目有相应课程的当天可布置书面作业。 （2）中考闭卷考试科目当天书面作业量不超过20分钟/科（时间以整个年级的平均水平为衡量基础）。 （3）中考开卷考试科目当天书面作业量不超过15分钟/科（时间以整个年级的平均水平为衡量基础）。 （4）中考考查科目当天书面作业量不超过15分钟/科（时间以整个年级的平均水平为衡量基础）。 （5）体育与健康、中考考核科目建议不布置书面作业，可以项目或单元为基础布置长程作业。 （6）各学科每周安排不少于1/2周课时的时间对学生进行个别交流式评价，具体包括作业面批指导、答疑辅导等。
	学科阶段性测练	以年级为单位，利用课后服务对应学科指导时段统筹规划的计时性学科检测。	（1）面向中考闭卷考试科目。 （2）学科阶段性测练由学科组在学期初做整体规划，学部统一协调时间，每月不超过1次，有期中、期末测试的月份不安排学科阶段性测练。 （3）学科阶段性测练建议使用课后服务相关学科的指导时段（15:20—16:00、16:10—16:50）进行，如有时间延长需求须提前规划。 （4）建议监考由相关学科学科组负责，积极尝试无人监考模式。

续表

分类	评价方式	评价具体建议说明	
		具体实施建议	频次及注意事项
形成性评价	综合阶段性测试	学校规划，以年级为单位的期中、期末测试。	（1）面向全部中考考试科目和考查科目。 （2）中考考试科目的期中测试由学校统一安排协调，监考相关工作由学校统一组织。 （3）中考考查科目的期中测试由学校统一安排协调，安排在中考考试科目的期中测试后一周或两周的课后服务时段进行，监考相关工作由学校统一组织。 （4）中考考试科目和考查科目的期末测试由学校统一安排协调，监考相关工作由学校统一组织。 （5）中考考核科目不安排统一的期中、期末测试，学期的学业评定由具体学科按照课程标准进行评测。
总结性评价	总结性考试	北京市初中学业水平考试，即中考。	三年中只有一次

3. 普通高中课程教学评价共识（表4.2）

表4.2 普通高中课程教学评价建议表

分类	评价方式	评价具体建议说明	
		具体实施建议	频次及注意事项
形成性评价	课堂评价反馈	（1）课堂表现性评价 教师在课堂上与学生互动的过程中对其进行主观的表现性评价，以便利用这些评价信息进行差异化教学。 （2）课堂个别交流式评价 在课堂上，教师精心设计并提出有针对性且结构化的问题，通过教学问答、课堂讨论等方式，激发学生的好奇心，考查他们的理解能力，引发他们去思考和探索。 （3）课堂过程性测练 以选择题为主、论述题为辅，落实基本知识和基本技能，培养学生"学习—总结—梳理—落实"的基本习惯。	（1）课堂表现性评价和课堂个别交流式评价应在每节课持续体现。 （2）课堂过程性测练依据学科特点与学生实际情况进行设计，可以每节课均分配少量时间进行，也可以以单元为单位设计课堂测练。
	作业评价反馈	（1）作业评价 教师精心设计适量作业，以促进学生落实基本知识和基本技能，拓展学科思维，提升学科学习能力。 （2）个别交流式评价 教师针对作业问题，对学生进行个性化指导。	（1）高考科目每课时布置对应课后书面作业，作业量不性、明确规定，不得布置大量机械性、重复性的作业。 （2）非高考科目不得布置课后作业。 （3）周末与小长假期间，只留常态作业。国庆与寒暑假期间，单科不超过40分钟/天，国庆不超过3天，暑假不超过20天，寒假不超过10天。 （4）各学科每周安排不少于1/2周课时的时间对学生进行个别交流式评价，具体包括作业面批指导、答疑辅导等。

续表

分类	评价方式	评价具体建议说明	
		具体实施建议	频次及注意事项
形成性评价	学科阶段性测练	以年级为单位，利用课后服务对应学科指导时段统筹规划学科检测。	（1）面向高考科目。 （2）学科阶段性测练由学科组在学期初做整体规划，学部统一协调时间，每科每学期不超过3次，平均每周不超过1次，总数不超过16次，有期中、期末测试的月份不安排学科阶段性测练。 （3）学科阶段性测练如果利用下午放学时间进行，则各学科由备课组长将单元练习计划写入《课程纲要》。 （4）建议监考由相关学科学科组负责，积极尝试无人监考模式。
	综合阶段性测试	学校规划，以年级为单位的期中、期末测试。	（1）面向全部高考科目。 （2）高考科目的期中测试由学校统一安排协调，监考相关工作由学校统一组织。 （3）非高考科目不安排统一的期中、期末测试，学期的学业评定由具体学科按照课程标准进行。
总结性评价	总结性考试	普通高等学校招生全国统一考试，即高考。	整体三年一次，采取"3+3"模式，统考英语听说考试高三学年安排两次。

（五）关于作业设计、布置、反馈的共识

1. 前言

作业是教师了解学情、提升教学效果的重要渠道，是学生自我诊断、查漏补缺、巩固提升的重要途径，因此，它对于教、学、评的重

要性不言而喻。作业的设计、布置、反馈是需求，是技术，更是艺术，尤其是在技术爆发的时代背景下，教师可以根据以下原则，积极探索借助技术手段（如 AI 技术）辅助作业设计、布置、反馈的方式，让教师的工作更加有效、幸福，让学生的学习更加高效、有趣。

2. 作业设计原则及说明

（1）明确目标与任务。作业应该明确反映出学生需要达到的学习目标，任务设置要与课程内容和教学目标相一致，确保学生能够通过作业达到预期的学业水平。

（2）合理难度和挑战性。作业设计要有一定的难度，既能够激发学生学习的兴趣，又不至于让学生感到过于沮丧。适度的挑战有助于提高学生的学习动力和思维深度。

①精选题目，突出重点、难点。

②设计有梯度，提倡针对不同层级的学生设计不同的作业。

（3）多样性和灵活性。依据作业的价值设计多种作业类型（包括巩固性作业、比较性作业、归纳性作业、思考性作业、创造性作业、实践性作业等），根据作业的内容特点设计多样的作业形式（包括阅读性作业、书面作业、口头性作业、实践活动作业等），以满足不同学习内容的落实；思考不同学生的学习特点，因地制宜、因材施教、有的放矢、灵活调整，以适应不同学科、学段、学生的需要。

①关注个性化，让每个学生都能通过作业获得提升，促进学生的学习、巩固学生的知识、发展学生的思维、提高学生的能力。

②原则上，中考开闭卷考试科目、中考考查科目、高考科目的作

业设计以书面作业形式为主，以阅读性作业、口头性作业、实践活动作业等为辅；体育与健康、中考考核科目、非高考科目的作业设计以阅读性作业、口头性作业、实践活动作业等形式为主。

3. 作业布置原则

（1）清晰明了的说明。布置作业时，要提供清晰而详细的说明，包括任务要求、截止日期、评分标准等。学生应该明白作业的目的、如何完成，以及期望的标准。

①布置作业前，教师应先过一遍作业内容，做到心中有数，确保在布置作业时能够将具体细节和注意事项予以清晰说明。

②给不同层级学生布置有针对性的差异化作业，需要有针对性地做出清晰说明。

（2）适量适时。控制作业的数量，确保在学生的可接受范围内。合理安排作业的截止日期，避免作业过于集中，以便学生更好地进行时间管理和深度思考。

义务教育阶段：

①原则上中考开闭卷考试科目、考查科目每课时要布置课后书面作业，体育与健康、中考考核科目不布置课后书面作业。

②中考闭卷考试科目当天书面作业量不超过20分钟/科（时间以整个年级的平均水平作为衡量基础）；中考开卷考试科目当天书面作业量不超过15分钟/科（时间以整个年级的平均水平作为衡量基础）；中考考查科目当天书面作业量不超过15分钟/科（时间以整个年级的平均水平作为衡量基础）；中考考核科目不布置书面作业，可

以项目或单元为基础布置长程作业。

③周末和小长假（指调休的元旦、清明节、端午节、劳动节、中秋节），只留常态作业，即周五或放假前当天的随堂作业，不额外留作业。

④国庆节、寒暑假，中考闭卷考试科目单科书面作业不超过40分钟／天，中考开卷考试科目单科书面作业不超过20分钟／天，中考考查科目单科书面作业不超过15分钟／天，总量不超过4小时／天，国庆节不超过3天，暑假不超过20天，寒假不超过10天。体育与健康学科根据学生个体情况给出具体假期锻炼建议，中考考核科目可给学生提供菜单式选择的实践项目作业。所有学科都可以根据学科特点布置可供学生选择的实践项目作业。

高中阶段：

①原则上非高考科目不布置课后书面作业。

②高考科目当天书面作业量不超过30分钟／科（时间以整个年级的平均水平作为衡量基础）。

③周末和小长假（指调休的元旦、清明节、端午节、劳动节、中秋节），只留常态作业，即周五或放假前当天的随堂作业，不额外布置作业。

④国庆节、寒暑假，高考科目单科书面作业不超过40分钟／天，国庆节不超过3天，暑假不超过20天，寒假不超过10天。体育与健康学科根据学生个体情况给出具体假期锻炼建议。所有学科都可以根据学科特点布置可供学生选择的实践项目作业。

（3）关联课堂教学。

作业应该与课堂教学相结合，有机地延伸和应用课堂所学的知识。这有助于巩固学生的理解，提高学科整合能力。

①教师不布置大量机械性、重复性（如抄写）的作业。

②教师不布置远超学生能力（如过于偏、难、怪）的作业。

4. 作业反馈原则

（1）及时反馈。提供及时的反馈对于学生的学习非常重要。老师应该在学生提交作业后尽早给予反馈，以便他们能够及时纠正错误、改进方法。

①教师对学生的作业全收全改，认真细致，准确无误。

②批改作业过程中发现的问题要有记录，作为课堂讲评和改进教学的依据。

③及时批改、及时反馈，课堂上要安排一定时间进行作业讲评，对于作业完成吃力的学生要进行面批。

④积极探索借助技术手段（如 AI 技术），及时且个性化地对作业进行反馈。

（2）明确而具体的评价。反馈应当明确指出学生的优点和需要改进的地方，具体而有针对性。这有助于学生更好地理解自己的表现，以及如何提高。

①批改作业要有批改符号、有等级、有评语、有日期，以利于与学生进行有效沟通。

②积极探索借助技术手段（如 AI 技术），准确、翔实、个性化地

对作业做出评价。

（3）激发积极性。在反馈中注重激发学生的积极性，给予肯定和鼓励，同时提供建议和指导，引导学生朝着更高水平发展。

附：作业类型与作业形式

1. 作业类型

（1）巩固性作业：以巩固教学效果最佳值为数量标准，避免数量过大、次数失控，讲求科学性，不提倡无效的机械重复。

（2）比较性作业：把正确与不正确的几种答案都提供给学生，由学生通过比较、选择、判断，完成对所学知识的检验与考查，在比较中掌握知识和形成能力。

（3）归纳性作业：把所学知识按一定的系统进行分类归纳，可以起到新旧联系、扩展知识面、找出知识内部联系和建构知识框架（树）的作用。

（4）思考性作业：意在锻炼学生的思考能力，不需要笔答。

（5）创造性作业：让学生运用所学知识，结合自己的认识、体验、经验进行创造。

（6）实践性作业：让学生亲自动手、动口、动脑，亲自去做，亲身体验，培养操作与运用的能力。

2. 作业形式

（1）阅读性作业：阅读性的作业主要是为了学生的预习和复习而提供的阅读性教科书，旨在扩大学生的视野、开拓学生的思维、加深学生对教材的理解，以潜移默化为主，是国外高校极为重视的一种作业类型。

（2）口头性作业：口头性作业包括常见的熟读、背诵、复述、书面问答等，旨在提高学生的语言表达能力和知识记忆能力；另一方面，这类作业也侧重于培养学生的思维和口头交际能力，在当今时代的发展进程中，这些技能已经显得愈发重要。

（3）书面作业：书面作业包括常见的习题演算、图表绘制、essay写作以及其他创造性和创新性的作业，侧重于培养学生的思维严谨性，同时注重考查学生对知识的理解和把握程度，这也是英国高校极为重要的一种作业类型。

（4）实践活动作业：实践活动作业主要包括相关的实习、实验、观察、测量和制作标本模型等，这是动手能力的重要体现，也是学生实践能力的考查标准，需要极为重视。

四、学校教育教学具体工作实施层面的思考

1. 总则

（1）为贯彻《中华人民共和国教育法》，落实立德树人根本任务，促进学校培养目标的达成，特制定本纲要。

（2）回归教育教学指导本质，本着"促进每位学生全面发展、学有特长"的宗旨，实施"德育为先，五育并举，融合发展"的教育教学指导策略。

（3）强化科学研究对学生教育教学指导的价值，坚持"关注方案落实，追求目标达成"的务实作风，让学生的无止境成长有的放矢，让教师对学生的指导有据可依。

（4）准确分析学生需求，细化学生成长不同阶段关键节点的具体教育教学指导抓手，创建文明、学术、善意的校园环境，助力学生的点滴进步。

（5）关注每位学生的成长状态，打造精准的教育教学指导体系，帮助每一位学生都能得到属于自己的成长。

2. 学生教育教学指导的内容与要求

（1）精研"中小学教育教学指导政策要求""中国学生发展核心素养""中高考评价标准""优秀学生共同特征"，聚焦学生的"良好习惯养成""思维能力培养""意志品质提升""核心素养提高"，以"公民意识教育"作为具体教育教学指导的抓手，落实具体教育教学指导工作，如下图4.6所示。

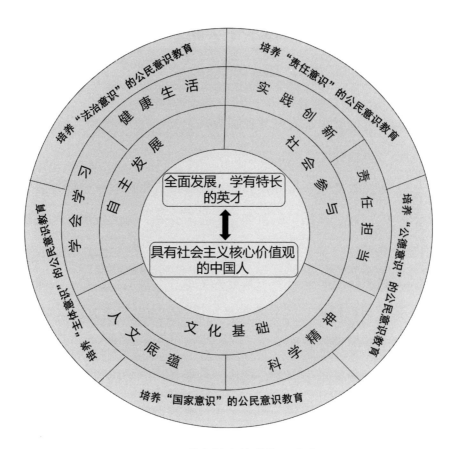

图 4.6　学生教育教学指导内容

（2）借鉴管理学 OKR（目标与关键成果法）与 KPI（关键绩效指标法）理论方法，设计适宜北师大实验中学全体学生发展的各学段、各阶段的关键节点目标、关键节点成果指标、关键节点教育教学指导策略，如下表 4.3 所示（详表见附录）。

第四章 北师大实验中学在进行现代化学校教育生态建设时的一些探索

表4.3 学生各个阶段发展综合指导策略表

阶段	关键节点项目	学段					
		初一	初二	初三	高一	高二	高三
详见附录3	关键节点目标	**身心健康目标（学校要求+自主设定）** 身体健康：有体育锻炼意识→能参与体育锻炼→积极参与体育锻炼→有体育锻炼兴趣→达成体育评价目标； 心理健康：关注情绪变化→有意识寻找调节情绪的方法→理解自己的情绪→控制自己的情绪→理解同伴情绪并共情→学会交流，学会维护自己与他人的尊严和价值→拥有乐观、抗压、稳定的心理状态。 **道德目标（学校要求+自主设定）** 遵守规则，控制行为→理解规则的价值→让规则成为助力自己发展的助推器→学会与人交往，与人为善→为人正直有原则，文明有礼，善意待人。 **劳动目标（学校要求+自主设定）** 学会照顾自己，让自己的生活更有秩序→自觉且高质量地完成校内劳动任务→有意识、有能力分担家务。 **美育目标（学校要求+自主设定）** 建立审美意识→健全审美情趣→发展自己的审美兴趣→拥有良好的审美情趣。 **成绩目标（学校要求+自主设定）** 分阶段逐步提升。			**身心健康目标（学校要求+自主设定）** 身体健康：培养良好的运动意识与运动习惯 心理健康：有较好的心理适应能力→有较好的心理自控能力→有较好的社会交往能力→有较好的心理耐受能力→拥有乐观、抗压、稳定的心理状态。 **道德目标（学校要求+自主设定）** 理解规则的价值，遵守规则→有自己处事原则，宽以待人，严于律己→为人正直有原则，文明有礼，善意待人。 **劳动目标（学校要求+自主设定）** 自觉且高质量地完成校内劳动任务→积极参与家务劳动。 **美育目标（学校要求+自主设定）** 有良好的自我审美情趣→进一步培养自己的审美情趣→有计划地培养、发展自己的审美修养。 **成绩目标（学校要求+自主设定）** 分阶段逐步提升		

续表

阶段	关键节点项目	学段					
		初一	初二	初三	高一	高二	高三
详见附录3	关键节点成果指标	身心健康（学校要求+自主设定） 身体健康：完成校内锻炼任务→开发自己的体育兴趣→提升锻炼水平→拥有运动习惯→达成体育评价目标。 心理健康：情绪调试，避免发生矛盾→理解同伴，学会交流→学会让自己与同伴都处于舒服的状态→情绪乐观稳定，抗压能力强。 习惯（学校要求+自主设定） 待人善意→对事积极→课堂尊重→课下律己。 思维（学校要求+自主设定） 有对简单信息获取与复述的能力→有对信息进行比较、判断的能力→有多信息分析、理解、解释的能力→有对复杂信息获取、理解、分析、判断的能力→有对复杂信息进行迁移、应用的能力。 意志（学校要求+自主设定） 积极面对困难→有目标，能顶住压力，笃定、持续地向目标努力。 素养（学校要求+自主设定） 文化基础→自主发展→社会参与。 学业（学校要求+自主设定） 全科C→形成优势科目→全科B→全科A，优势科目A+。			身心健康（学校要求+自主设定） 身体健康：积极参与校内体育锻炼→有自己喜欢且较为擅长的体育运动。 心理健康：快速适应新的学习环境→有意识发展自己的心理适应能力、心理自控能力、社会交往能力、心理耐受能力→情绪乐观稳定，抗压能力强。 习惯（学校要求+自主设定） 待人善意→对事积极→课堂尊重→课下律己。 思维（学校要求+自主设定） 勇于面对劣构问题，尝试通过"理解信息—概括洞察—发现应用"过程对问题进行比较、分类、建立联系、解释、分析、评价、想象、建立关系、推断、类比、应用、创造、推广、预测、迁移。 意志（学校要求+自主设定） 拥有自己理性、完善、全面的目标系统，并能顶住压力，笃定、持续地向目标努力。 素养（学校要求+自主设定） 文化基础→自主发展→社会参与。 学业（学校要求+自主设定） 全科70分（百分制）→形成优势科目→全科80分（百分制）→全科90分（百分制）以上，优势科目满分。		
	关键节点教育教学指导策略	课程设计：（1）学科课程教学；（2）素养课程教学活动设计：①学校常规教育活动；②学部特色教育活动；③学生自主教育活动 指导设计：（1）集体指导；（2）小团队指导；（3）个体指导					

第四章　北师大实验中学在进行现代化学校教育生态建设时的一些探索

注：

以上各进阶指标参照"中国学生发展核心素养""高阶思维技能矩阵（R.布鲁斯·威廉姆斯）""中小学心理健康教育教学指导纲要""中小学健康教育教学指导纲要""大中小学劳动教育教学指导纲要""北京市中小学德育指导纲要""中小学文明礼仪教育教学指导纲要""意志力的九级阶梯"等相关标准。

（3）为每位学生建立独立的个性化成长档案，通过"追踪式研判""过程化指导""即时性疏解"等方式，保障每个学生都能富有个性地发展。

3. 学生教育教学指导的组织与实施

（1）建立以学生成长为中心的"学校统筹—学部落实—全员参与"的学生教育教学指导体系，促进学生"全面发展，学有特长"。

（2）精研"文化育人""实践育人""管理育人""协同育人"理念与方法，以"公民意识教育"作为全员教育教学指导的抓手，助力学生良好习惯的养成，促进学生成长。

（3）精研"活动育人"价值，创建丰富、有效的教育活动，聚焦学生需求，开阔学生视野，促进学生高质量发展。

（4）精研"课程育人"理念，打造"五育并举，融合发展"的素养课程体系，促进学生思维能力、意志品质、核心素养的发展和提高。

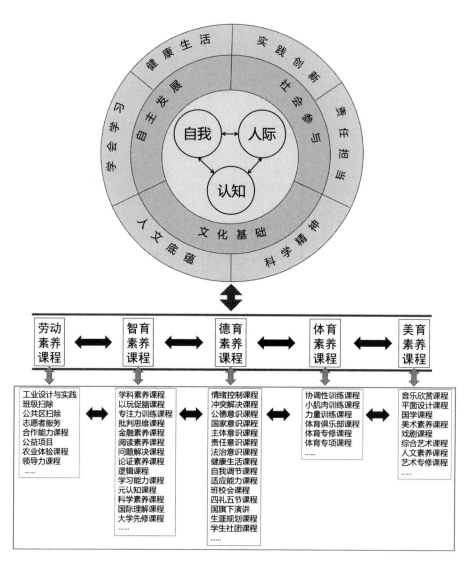

图 4.7 学生教育教学指导的组织和实施示意图

（5）学生教育教学指导工作的总体规划由学生教育教学指导处依据学校发展需要进行统筹。相关教育教学指导工作方案的设计及具体落实由学校相关部门协作完成：学部是学生教育教学指导工作落实的主战场；课程教学评价处、学生实践创新中心、学生教育教学指导处是学生教育教学指导工作落实的主要支持部门；学校其他职能部门是学生教育教学指导工作落实的重要保障部门。

（6）同伴教育是学生教育教学指导工作实施的重要组成部分，也是学生自主发展的重要动力，学生会、学生团委、学生社团等学生组织的相关活动及教育教学指导工作在学校总体教育教学指导工作的大框架下有序开展。

4. 学生教育教学指导的评价

（1）建立科学、完善、细致、操作性强的奖惩机制与流程，为学生教育教学指导工作提供安全的底线基础，为学生的成长发展指明方向，为教师具体教育教学指导工作提供支持与依据。

（2）建立完善的多层次教师"培训—评价"体系，助力教师对学生进行科学、专业的教育教学指导。

（3）教师对学生的教育教学指导过程倡导"过程性评价"，以促进学生持续发展。

（4）学生的成长表现是对教师所开展的教育教学指导工作评价的最好指标，希望教师根据学校教育教学指导目标和学生成长表现持续改进教育教学指导方法，促进师生共同成长。

附录 1

北师大实验中学学生日常习惯养成教育教学指导标准

（请每位教职员工知悉该帮助学生养成良好日常习惯的教育教学指导标准要求，并时刻关注、提醒学生）

1. 待人善意——尊敬师长，关爱同学，学会谦让。

具体表现为：

（1）见师长打招呼、问候，不要视而不见；

（2）同学遇到困难时要善意地帮助；

（3）在日常细微处懂得谦让，能够做到"师长或有需要的同学优先"。

已越底线行为（见到这样的行为就需要善意地提醒、指导、管教）：

校园中横冲猛跑、出入门抢行挤撞、见师长不理不睬、未经允许随意闯入办公场所。

2. 对事积极——不怕困难，勇于担当，敢于负责。

具体表现为：

（1）遇到困难不回避、不畏惧，积极面对；

（2）碰到该承担的任务、责任，勇于担当，舍我其谁；

（3）面对可以做的事情，能够不推脱、不拖拉，敢于负责。

已越底线行为（见到这样的行为就需要善意地提醒、指导、管教）：

推脱应负责任、拖延应做任务、甩锅抱怨他人。

3. 课堂尊重——尊重老师，尊重同学，学会交流。

具体表现为：

（1）学会听课，在老师讲课、同学回答问题时，不插话、不出声、不打扰；

（2）按照老师要求积极参与课堂活动（讨论、交流等）；

（3）遵守课堂纪律，杜绝课堂违规、违纪行为。

已越底线行为（见到这样的行为就需要善意地提醒、指导、管教）：

上课不经允许出声、课堂扰乱老师讲课、课堂扰乱他人听课。

4. 课下律己——遵守纪律，慎独律己，依法依规。

具体表现为：

（1）遵守纪律，文明有礼，让自己的言行得体、得当；

（2）为人正直、有原则，宽以待人，严于律己；

（3）遇有矛盾冲突能够理性面对，依法依规，尽力避免矛盾冲突升级。

已越底线行为（见到这样的行为就需要善意地提醒、指导、管教）：

口吐脏话、破坏环境卫生、破坏公共财产、恶意冲突。

附录 2

北师大实验中学教育活动方案（模板）

活动名称			
活动规划部门		活动设计部门	
活动组织、实施部门		活动审核部门	
活动流程			
活动具体方案			
审核意见：			

说明：

1. 活动规划部门：依据国家教育要求、学校发展需要及学生发展特点，对教育活动进行规划的部门。学校整体的教育活动规划会放在学年工作计划中。其他未在计划中的教育活动，根据活动规模至少提前两周进行规划。活动规划部门可以是单一部门（如学部），也可以是多部门（如学生教育教学指导工作＋学部），排序越靠前的部门其规划责任越主要。

2. 活动设计部门：依据活动规划，对具体活动制定可行性方案的部门。活动设计部门可以是单一部门（如学部），也可以是多部门（如学部＋学生实践创新中心），排序越靠前的部门其设计责任越主要。

3. 活动组织、实施部门：依据活动设计，组织协调资源并负责实施的部门。活动组织、实施部门可以是单一部门（如学部），也可以是多部门共同（如学部＋某学科教研组），排序越靠前的部门其设计责任越主要。

4. 活动审核部门：从活动安全、活动价值、活动规范、活动方案合理性等角度对活动进行审核的部门。学生组织规划设计的活动由学生组织管理部门（包括学部、校团委等部门）进行审核；学校各部门规划设计的活动由学生教育教学指导处进行审核；学校活动由校务会进行审核。

5. 活动流程：该部分由活动设计部门完成，是本教育活动的简化流程，便于了解活动概貌。

6. 活动具体方案：该部分由活动设计部门完成，是本教育活动的详案，便于活动的具体实施。方案需明确活动时间、地点、参与人员、活动目标、具体安排（活动环节、分工等）和活动应急预案等。

7. 审核意见：由活动审核部门完成。根据活动规模，活动方案需至少提前两周提交审核部门审核，并报备学生教育教学指导处备案。

8. 在教育活动的规划、设计、组织与实施中，学生教育教学指导处的主要工作是：

（1）根据上级部门要求，依据学校发展目标与学生发展实际需求，从学校层面对学校整体的教育活动进行规划统筹，并对学校中的各级各类教育活动进行审核把握；

（2）依据各级各类教育活动需求，从学校层面进行资源协调工作；

（3）校级重大活动的设计、组织工作。

附录 3

北师大实验中学各学段、各阶段的关键节点目标、关键节点成果指标、关键节点教育教学指导策略

具体阶段	关键节点项目	学段：初一
上学期一阶段	关键节点目标	身心健康目标→学校要求：拥有锻炼意识；关注自己的情绪变化。自主设定：…… 道德目标→学校要求：遵守学校规章，能有控制自己行为的意识。自主设定：…… 劳动目标→学校要求：做好自己的生活内务；按要求履行校内劳动职责。自主设定：…… 美育目标→学校要求：初步拥有能够感受到学习和生活中美的意识。自主设定：…… 成绩目标→学校要求：达成学校要求指标。自主设定：……
	关键节点成果指标	身心健康→学校要求：按要求完成校内锻炼任务；发生矛盾，能够在师长的帮助下对自己的情绪进行有效调试。自主设定：…… 习惯→学校要求：见师长问好，见同学打招呼；能够将自己的书包、书桌、书柜整理整洁；能够在指导下完成学校规定的劳动职责；课堂积极参与，听从老师指导；待人待事能从善意的角度思考和处理。自主设定：…… 思维→学校要求：有能力获得学习和生活中的简单信息，并准确复述。自主设定：…… 意志→学校要求：遇到困难能积极面对，不逃避、不推脱。自主设定：…… 素养→学校要求：找到自己学习中的兴趣点；敢于积极尝试解决问题的方法；具有安全意识，拥有较为良好的作息规律。自主设定：…… 学业→学校要求：全科目能够达到 C 以上成绩要求。自主设定：……

续表

具体阶段	关键节点项目	学段：初一
上学期一阶段	关键节点教育教学指导策略	课程设计：（1）学科课程教学；（2）素养课程教学 活动设计：（1）学校常规教育活动；（2）学部特色教育活动；（3）学生自主教育活动 指导设计：（1）集体指导；（2）小团队指导；（3）个体指导
上学期二阶段	关键节点目标	身心健康目标→学校要求：积极参与锻炼；有意识地寻找调节自己情绪的办法。自主设定：…… 道德目标→学校要求：拥有规则意识，能够控制自己的行为。自主设定：…… 劳动目标→学校要求：做好自己生活内务的基础上有意识地参与家务劳动；能主动履行校内劳动职责。自主设定：…… 美育目标→学校要求：尝试在文学、音乐、美术、科学、数学、技术、体育等学科中发现美。自主设定：…… 成绩目标→学校要求：达成学校要求指标。自主设定：……
	关键节点成果指标	身心健康→学校要求：自觉完成校内锻炼任务；发生矛盾，能够尝试进行自我情绪调试，如果不能做到，可以在师长的帮助下进行有效的情绪调试。自主设定：…… 习惯→学校要求：见师长问好，见同学打招呼；能保持校内和家中自己学习的小环境整洁有序；能够在主动完成学校规定的劳动职责；课堂积极参与，听从老师指导；待人待事能从善意的角度思考和处理。自主设定：…… 思维→学校要求：有能力对获得的信息进行比较、分类，做出自己的判断，并准确表达自己的判断。自主设定：…… 意志→学校要求：初步尝试寻找自己的目标，敢于顶住压力，向目标努力。自主设定：…… 素养→学校要求：尝试理解各个学科的内涵，寻找至少一个学科作为自主学习的方向；尝试评估自我，了解自身个性和潜质，尝试确定自己努力的方向和目标；有意识地了解国家历史，初步形成国家认同。自主设定：…… 学业→学校要求：全科目能够达到 C 以上成绩要求，逐渐形成优势科目，优势科目达到 B 以上成绩要求。自主设定：……
	关键节点教育教学指导策略	课程设计：（1）学科课程教学；（2）素养课程教学 活动设计：（1）学校常规教育活动；（2）学部特色教育活动；（3）学生自主教育活动 指导设计：（1）集体指导；（2）小团队指导；（3）个体指导

续表

具体阶段	关键节点项目	学段：初一
下学期一阶段	关键节点目标	身心健康目标→学校要求：逐步形成体育锻炼习惯，尝试寻找至少一项体育项目作为自己的兴趣发展；尝试理性看待自己的情绪变化，尝试寻找自己情绪变化的原因。自主设定：…… 道德目标→学校要求：理解规则对自己发展的价值，能够自觉遵守规则，在规则框架内学习、生活。自主设定：…… 劳动目标→学校要求：学习至少一项家务劳动能力；自觉履行校内劳动职责。自主设定：…… 美育目标→学校要求：健全自我的审美情趣，在文学、音乐、美术、科学、数学、技术、体育等学科中发现美的同时尝试感受其中的美妙。自主设定：…… 成绩目标→学校要求：达成学校要求指标。自主设定：……
	关键节点成果指标	身心健康→学校要求：自觉完成校内锻炼任务的基础上开发至少一项自己的体育兴趣；理解自己的情绪，能够有意识地避免矛盾发生。自主设定：…… 习惯→学校要求：师长、同学遇到困难能主动帮忙；让自己的学习与生活都有条不紊，不丢三落四；自觉参与学校劳动，自觉参与家务劳动；自觉遵守课堂常规，积极参与课堂学习；待人待事能从善意的角度思考和处理。自主设定：…… 思维→学校要求：在信息获取、初步处理的基础上，有能力对多信息进行联系，并准确表达自己对信息的理解。自主设定：…… 意志→学校要求：确立自己的短期目标，尝试顶住压力、不拖延地向目标努力。自主设定：…… 素养→学校要求：初步形成学习意识，尝试使用不同的学习方法进行学习；尝试将自我目标与生活实际相联系，尝试寻找能够给予自己动力的基础；有意识地将自己所学的知识应用于现实生活。自主设定：…… 学业→学校要求：全科目能够达到C以上成绩要求，逐渐形成优势科目，优势科目达到B以上成绩要求，个别优势科目达到A。自主设定：……
	关键节点教育教学指导策略	课程设计：（1）学科课程教学；（2）素养课程教学 活动设计：（1）学校常规教育活动；（2）学部特色教育活动；（3）学生自主教育活动 指导设计：（1）集体指导；（2）小团队指导；（3）个体指导

续表

具体阶段	关键节点项目	学段：初一
下学期二阶段	关键节点目标	身心健康目标→学校要求：形成体育锻炼习惯，发展至少一项体育项目为自己的兴趣；有能力较好地控制自己的情绪。自主设定：…… 道德目标→学校要求：认可规则对自己发展的重要意义，让规则成为自我学习、生活的助推器。自主设定：…… 劳动目标→学校要求：掌握至少一项家务劳动能力，并承担起部分家庭劳动义务；高质量履行校内劳动职责。自主设定：…… 美育目标→学校要求：根据自我兴趣，尝试学习与艺术相关的知识、技能与方法，具有初步的审美情趣。自主设定：…… 成绩目标→学校要求：达成学校要求指标。自主设定：……
	关键节点成果指标	身心健康→学校要求：自觉完成校内锻炼任务，自觉学习并开展自己感兴趣的其他体育运动；能控制情绪，避免矛盾发生。自主设定：…… 习惯→学校要求：师长、同学遇到困难能主动帮忙；让自己的学习生活更有秩序性，养成良好的学习、生活习惯；自觉参与学校劳动，自觉参与家务劳动；自觉遵守课堂常规，积极参与课堂学习；待人待事能从善意的角度思考和处理。自主设定：…… 思维→学校要求：在信息获取、初步处理及多信息联系的基础上，有能力对其做出解释与分析。自主设定：…… 意志→学校要求：尝试设定自己的中长期目标，并尝试持之以恒地向目标努力。自主设定：…… 素养→学校要求：初步建立适合自己的学习方式与生活规律；在自我目标与生活实际相联系的基础上，初步建立自己的动力基础；尝试理性探索生活中遇到的问题，并用自己的知识对其进行分析。自主设定：…… 学业→学校要求：全科目能够达到 C 以上成绩要求，大部分科目达到 B 以上成绩要求，优势科目达到 A。自主设定：……
	关键节点教育教学指导策略	课程设计：（1）学科课程教学；（2）素养课程教学 活动设计：（1）学校常规教育活动；（2）学部特色教育活动；（3）学生自主教育活动 指导设计：（1）集体指导；（2）小团队指导；（3）个体指导

现代化学校教育生态建设

续表

具体阶段	关键节点项目	学段：初二
上学期	关键节点目标	身心健康目标→学校要求：提高校内锻炼意识，提升锻炼水平，发展自己感兴趣的体育运动；尝试理解同伴的情绪变化。自主设定：…… 道德目标→学校要求：在学校规则的基础上，对自己提出更高的要求，与人为善，和谐共处。自主设定：…… 劳动目标→学校要求：学习更多的家务劳动能力，承担起力所能及的家庭劳动义务；自觉且高质量地履行校内劳动职责。自主设定：…… 美育目标→学校要求：根据自我兴趣，进一步学习与艺术相关的知识、技能与方法，进一步培养自己的审美情趣。自主设定：…… 成绩目标→学校要求：达成学校要求指标。自主设定：……
	关键节点成果指标	身心健康→学校要求：高质量完成校内锻炼任务，进一步发展自己感兴趣的其他体育运动；尝试理解同伴情绪变化。自主设定：…… 习惯→学校要求：学会谦让，注重公共礼仪；关注生活中点滴细节，认认真真做好每一件事；自觉、认真履行学习、生活中的各项职责；充分利用课堂，积极用好课后，高效学习；慎独律己，与人为善，和谐共处。自主设定：…… 思维→学校要求：初步尝试对学习和生活中的复杂信息进行获取、理解、分析，能做出自己的判断，并将自己的判断准确地表达。自主设定：…… 意志→学校要求：初步确立自己的中长期目标，并做好"勇于迎接挑战"的准备。自主设定：…… 素养→学校要求：尝试对自己已有的学习方式与生活规律进行改善，以提高效率；尝试将自我目标与社会、国家发展需要相联系，加强自己的动力基础；尝试运用自己的知识、原理和方法构建较为严谨的逻辑去认识事物、解决问题、指导行为等。自主设定：…… 学业→学校要求：全科目能够达到B以上成绩要求，优势科目达到A。自主设定：……
	关键节点教育教学指导策略	课程设计：（1）学科课程教学；（2）素养课程教学 活动设计：（1）学校常规教育活动；（2）学部特色教育活动；（3）学生自主教育活动 指导设计：（1）集体指导；（2）小团队指导；（3）个体指导

续表

具体阶段	关键节点项目	学段：初二
下学期	关键节点目标	身心健康目标→学校要求：达成校内高水平锻炼要求，持续发展自己感兴趣的体育运动；能够与同伴共情，学会交流，学会维护自己与他人的尊严和价值。自主设定：…… 道德目标→学校要求：在学校规则的基础上，形成自己的处事原则，为人正直，宽以待人，严于律己。自主设定：…… 劳动目标→学校要求：学习更多的家务劳动能力，承担起力所能及的家庭劳动义务；自觉且高质量地履行校内劳动职责。自主设定：…… 美育目标→学校要求：根据自我兴趣，进一步发展自己的审美情趣。自主设定：…… 成绩目标→学校要求：达成学校要求指标。自主设定：……
	关键节点成果指标	身心健康→学校要求：校内锻炼效果达到良好以上水平，拥有至少一项自己喜欢且较为擅长的体育运动项目；在理解他人情绪的基础上，能够与同伴进行交流，交流过程自己与同伴都处于舒适的状态。自主设定：…… 习惯→学校要求：学会谦让，注重公共礼仪；关注生活中的点滴细节，认认真真做好每一件事；自觉、认真时间履行学习、生活中的各项职责；充分利用课堂时间，积极用好课后时间，高效学习；慎独律己，与人为善，和谐共处。自主设定：…… 思维→学校要求：能够对学习和生活中的复杂信息进行获取、理解、分析，能做出自己的判断，并将自己的判断准确地表达。自主设定：…… 意志→学校要求：确立自己的中长期目标，并开始有计划地努力施行，遇到困难也不退缩。自主设定：…… 素养→学校要求：找到适合自己的学习方式与生活规律，可以高效学习、健康生活；将自我目标与社会、国家发展需要相联系，并落实到行动中；敢于、乐于理性面对问题，并努力运用自己的知识、原理和方法构建较为严谨的逻辑去认识事物、解决问题、指导行为等。自主设定：…… 学业→学校要求：全科目能够达到B以上成绩要求，大部分学科能到A，优势科目达到A+。自主设定：……
	关键节点教育教学指导策略	课程设计：（1）学科课程教学；（2）素养课程教学 活动设计：（1）学校常规教育活动；（2）学部特色教育活动；（3）学生自主教育活动 指导设计：（1）集体指导；（2）小团队指导；（3）个体指导

续表

具体阶段	关键节点项目	学段：初三
上学期	关键节点目标	身心健康目标→学校要求：拥有强健体魄，努力达成评价要求；拥有乐观、抗压、稳定的自我心理状态。自主设定：…… 道德目标→学校要求：为人正直有原则，文明有礼，善意待人。自主设定：…… 劳动目标→学校要求：承担起力所能及的家庭劳动义务；自觉且高质量地履行校内劳动职责。自主设定：…… 美育目标→学校要求：有良好的自我审美情趣。自主设定：…… 成绩目标→学校要求：达成学校要求指标。自主设定：……
	关键节点成果指标	身心健康→学校要求：基本达到中考评价要求；情绪乐观、稳定，抗压能力强。自主设定：…… 习惯→学校要求：谦逊有礼；认真做好每一件事；慎独律己，与人为善，和谐共处。自主设定：…… 思维→学校要求：在对复杂信息获取、理解、分析、判断的基础上，能进一步迁移并进行简单应用。自主设定：…… 意志→学校要求：笃定地向着自己的目标努力。自主设定：…… 素养→学校要求：高效学习、健康生活；目标恒定，有行动力；勇于探索，善于质疑。自主设定：…… 学业→学校要求：全科目能够达到A以上成绩要求，优势科目达到A+。自主设定：……
	关键节点教育教学指导策略	课程设计：（1）学科课程教学；（2）素养课程教学 活动设计：（1）学校常规教育活动；（2）学部特色教育活动；（3）学生自主教育活动 指导设计：（1）集体指导；（2）小团队指导；（3）个体指导

续表

具体阶段	关键节点项目	学段：初三
下学期	关键节点目标	身心健康目标→学校要求：达成评价要求，拥有运动习惯；拥有乐观、抗压、稳定的自我心理状态。自主设定：…… 道德目标→学校要求：为人正直有原则，文明有礼，善意待人。自主设定：…… 劳动目标→学校要求：承担起力所能及的家庭劳动义务；自觉且高质量地履行校内劳动职责。自主设定：…… 美育目标→学校要求：有良好的自我审美情趣。自主设定：…… 成绩目标→学校要求：达成学校要求指标。自主设定：……
	关键节点成果指标	身心健康→学校要求：达到中考评价要求；情绪乐观、稳定，抗压能力强。自主设定：…… 习惯→学校要求：谦逊有礼；认真做好每一件事；慎独律己，与人为善，和谐共处。自主设定：…… 思维→学校要求：在对复杂信息获取、理解、分析、判断的基础上，能进一步迁移并讲行较为复杂的应用。自主设定：…… 意志→学校要求：笃定、持续地向着自己的目标努力。自主设定：…… 素养→学校要求：高效学习、健康生活；目标恒定，有行动力；勇于探索，善于质疑。自主设定：…… 学业→学校要求：全科目能够达到A以上成绩要求，大部分学科能达到A+。自主设定：……
	关键节点教育教学指导策略	课程设计：（1）学科课程教学；（2）素养课程教学 活动设计：（1）学校常规教育活动；（2）学部特色教育活动；（3）学生自主教育活动 指导设计：（1）集体指导；（2）小团队指导；（3）个体指导

续表

具体阶段	关键节点项目	学段：高一	
上学期	关键节点目标	身心健康目标→学校要求：培养良好的运动意识和运动习惯；有较好的心理适应能力。自主设定：…… 道德目标→学校要求：理解规则对自己发展的价值，能够自觉遵守学校规则，在规则框架内学习、生活。自主设定：…… 劳动目标→学校要求：积极学习并参与家务劳动；自觉且高质量履行校内劳动职责。自主设定：…… 美育目标→学校要求：有良好的自我审美情趣，有意识进一步培养自己的审美情趣。自主设定：…… 成绩目标→学校要求：达成学校要求指标。自主设定：……	
	关键节点成果指标	身心健康→学校要求：积极参与校内体育锻炼，有自己感兴趣的体育运动；愿意与同学交往，快速适应新的学习环境。自主设定：…… 习惯→学校要求：见师长问好，见同学打招呼，谦让有礼，注重公共礼仪；关注生活中的点滴细节，认认真真做好每一件事；自觉、认真时间履行学习、生活中的各项职责；充分利用课堂时间，积极用好课后时间，高效学习；慎独律己，与人为善，和谐共处。自主设定：…… 思维→学校要求：有能力获得学习和生活中较为复杂的信息，并对信息进行理解、分析、判断，并准确表达。自主设定：…… 意志→学校要求：有意识地思考自己的短期、中期、长期目标，并做好"勇于迎接挑战"的准备。自主设定：…… 素养→学校要求：通过调整、适应，找到适合自己的学习方式与生活规律，可以高效学习、健康生活；将自我目标与社会、国家发展需要相联系，并落实到行动中；敢于、乐于理性面对问题，并努力运用自己的知识、原理和方法构建较为严谨的逻辑去认识事物、解决问题、指导行为等。自主设定：…… 学业→学校要求：全科目能够达到70分（百分制）以上成绩要求。自主设定：……	
	关键节点教育教学指导策略	课程设计：（1）学科课程教学；（2）素养课程教学 活动设计：（1）学校常规教育活动；（2）学部特色教育活动；（3）学生自主教育活动 指导设计：（1）集体指导；（2）小团队指导；（3）个体指导	

附录3

续表

具体阶段	关键节点项目	学段：高一
下学期	关键节点目标	身心健康目标→学校要求：拥有良好的运动意识和运动习惯；有较好的心理自控能力。自主设定：…… 道德目标→学校要求：在学校规则的基础上，形成自己的处事原则，为人正直，宽以待人，严于律己。自主设定：…… 劳动目标→学校要求：积极参与家务劳动；自觉且高质量地履行校内劳动职责。自主设定：…… 美育目标→学校要求：有良好的自我审美情趣，并根据自己的兴趣特点，有计划地培养、发展自己的审美修养。自主设定：…… 成绩目标→学校要求：达成学校要求指标。自主设定：……
	关键节点成果指标	身心健康→学校要求：积极参与校内体育锻炼，有自己感兴趣的体育运动；有意识发展自我的心理自控能力。自主设定：…… 习惯→学校要求：谦逊有礼，有公德；认真做好每一件事；慎独律己，与人为善，和谐共处。自主设定：…… 思维→学校要求：努力面对劳构问题，并尝试通过"理解信息—概括洞察—发现应用"过程对问题进行比较、评价、应用。自主设定：…… 意志→学校要求：深入思考自己的短期、中期、长期目标，并开始有计划地努力施行，遇到困难也不退缩。自主设定：…… 素养→学校要求：进一步调整、改善自己的学习方式与生活规律，促进高效学习、健康生活；将自我目标进一步与社会、国家发展需要相联系，增强自我的责任意识；敢于、乐于理性面对问题，勇于探索，善于质疑，努力运用自己的知识、原理和方法构建较为严谨的逻辑去认识事物、解决问题、指导行为等。自主设定：…… 学业→学校要求：全科目能够达到70分（百分制）以上成绩要求，优势科目达到80分（百分制）以上。自主设定：……
	关键节点教育教学指导策略	课程设计：（1）学科课程教学；（2）素养课程教学 活动设计：（1）学校常规教育活动；（2）学部特色教育活动；（3）学生自主教育活动 指导设计：（1）集体指导；（2）小团队指导；（3）个体指导

续表

具体阶段	关键节点项目	学段：高二
上学期	关键节点目标	身心健康目标→学校要求：拥有良好的运动意识和运动习惯；有较好的社会交往能力。自主设定：…… 道德目标→学校要求：为人正直有原则，文明有礼，善意待人。自主设定：…… 劳动目标→学校要求：积极参与家务劳动；自觉且高质量地履行校内劳动职责。自主设定：…… 美育目标→学校要求：有良好的自我审美情趣，并根据自己的兴趣特点，有计划地培养、发展自己的审美修养。自主设定：…… 成绩目标→学校要求：达成学校要求指标。自主设定：……
	关键节点成果指标	身心健康→学校要求：积极参与校内体育锻炼，有自己较为擅长的体育运动；有意识地发展自我的社会交往能力。自主设定：…… 习惯→学校要求：谦逊有礼，有公德；认真做好每一件事；慎独律己，与人为善，和谐共处。自主设定：…… 思维→学校要求：勇于面对劣构问题，并尝试通过"理解信息—概括洞察—发现应用"过程对问题进行分类、想象、创造。自主设定：…… 意志→学校要求：确立自己的短期、中期、长期目标，并按计划努力、坚定地施行。自主设定：…… 素养→学校要求：逐步形成适合自己的学习方式与生活规律，高效学习、健康生活；意识到社会性是人的本质属性，明确责任担当对自我发展的价值；敢于、乐于理性面对问题，勇于探索，善于质疑，努力运用自己的知识、原理和方法构建较为严谨的逻辑去认识事物、解决问题、指导行为等。自主设定：…… 学业→学校要求：全科目能够达到80分（百分制）以上成绩要求。自主设定：……
	关键节点教育教学指导策略	课程设计：（1）学科课程教学；（2）素养课程教学 活动设计：（1）学校常规教育活动；（2）学部特色教育活动；（3）学生自主教育活动 指导设计：（1）集体指导；（2）小团队指导；（3）个体指导

续表

具体阶段	关键节点项目	学段：高二
下学期	关键节点目标	身心健康目标→学校要求：拥有良好的运动意识和运动习惯；有较好的心理耐受能力。自主设定：…… 道德目标→学校要求：为人正直有原则，文明有礼，善意待人。自主设定：…… 劳动目标→学校要求：积极参与家务劳动；自觉且高质量地履行校内劳动职责。自主设定：…… 美育目标→学校要求：有良好的自我审美情趣，并根据自己的兴趣特点，有计划地培养、发展自己的审美修养。自主设定：…… 成绩目标→学校要求：达成学校要求指标。自主设定：……
	关键节点成果指标	身心健康→学校要求：积极参与校内体育锻炼，有自己喜欢且较为擅长的体育运动；有意识地发展自我的心理耐受能力。自主设定：…… 习惯→学校要求：谦逊有礼，有公德；认真做好每一件事；慎独律己，与人为善，和谐共处。自主设定：…… 思维→学校要求：勇于面对劣构问题，并尝试通过"理解信息—概括洞察—发现应用"过程对问题进行联系、建立关系、推广。自主设定：…… 意志→学校要求：笃定、持续地向着自己的目标努力。自主设定：…… 素养→学校要求：确立适合自己的学习方式与生活规律，高效学习、健康生活；明确责任担当对自我发展的价值，能够将愿望转化为切实的行动力；敢于、乐于理性面对问题，勇于探索，善于质疑，努力运用自己的知识、原理和方法构建较为严谨的逻辑去认识事物、解决问题、指导行为等。自主设定：…… 学业→学校要求：全科目能够达到80分（百分制）以上成绩要求，优势科目达到90分（百分制）以上。自主设定：……
	关键节点教育教学指导策略	课程设计：（1）学科课程教学；（2）素养课程教学 活动设计：（1）学校常规教育活动；（2）学部特色教育活动；（3）学生自主教育活动 指导设计：（1）集体指导；（2）小团队指导；（3）个体指导

续表

具体阶段	关键节点项目	学段：高三
上学期	关键节点目标	身心健康目标→学校要求：拥有良好的运动意识和运动习惯；拥有乐观、抗压、稳定的自我心理状态。自主设定：…… 道德目标→学校要求：为人正直有原则，文明有礼，善意待人。自主设定：…… 劳动目标→学校要求：积极参与家务劳动；自觉且高质量地履行校内劳动职责。自主设定：…… 美育目标→学校要求：有良好的自我审美情趣，并根据自己的兴趣特点，有计划地培养、发展自己的审美修养。自主设定：…… 成绩目标→学校要求：达成学校要求指标。自主设定：……
	关键节点成果指标	身心健康→学校要求：积极参与校内体育锻炼，有自己喜欢且较为擅长的体育运动；情绪乐观、稳定，抗压能力强，心理调节能力优。自主设定：…… 习惯→学校要求：谦逊有礼，有公德；认真做好每一件事；慎独律己，与人为善，和谐共处。自主设定：…… 思维→学校要求：勇于面对劣构问题，并尝试通过"理解信息—概括洞察—发现应用"过程对问题进行解释、推断、预测。自主设定：…… 意志→学校要求：笃定、持续地向着自己的目标努力。自主设定：…… 素养→学校要求：确立适合自己的学习方式与生活规律，高效学习、健康生活；明确责任担当对自我发展的价值，能够将愿望转化为切实的行动力；敢于、乐于理性面对问题，勇于探索，善于质疑，努力运用自己的知识、原理和方法构建较为严谨的逻辑去认识事物、解决问题、指导行为等。自主设定：…… 学业→学校要求：全科目能够达到90分（百分制）以上成绩要求。自主设定：……
	关键节点教育教学指导策略	课程设计：（1）学科课程教学；（2）素养课程教学 活动设计：（1）学校常规教育活动；（2）学部特色教育活动；（3）学生自主教育活动 指导设计：（1）集体指导；（2）小团队指导；（3）个体指导

续表

具体阶段	关键节点项目	学段：高三
下学期	关键节点目标	身心健康目标→学校要求：拥有良好的运动意识和运动习惯；拥有乐观、抗压、稳定的自我心理状态。自主设定：…… 道德目标→学校要求：为人正直有原则，文明有礼，善意待人。自主设定：…… 劳动目标→学校要求：积极参与家务劳动；自觉且高质量地履行校内劳动职责。自主设定：…… 美育目标→学校要求：有良好的自我审美情趣，并根据自己的兴趣特点，有计划地培养、发展自己的审美修养。自主设定：…… 成绩目标→学校要求：达成学校要求指标。自主设定：……
	关键节点成果指标	身心健康→学校要求：积极参与校内体育锻炼，有自己喜欢且较为擅长的体育运动；情绪乐观、稳定，抗压能力强，心理调节能力优。自主设定：…… 习惯→学校要求：谦逊有礼，有公德；认真做好每一件事；慎独律己，与人为善，和谐共处。自主设定：…… 思维→学校要求：勇于面对劣构问题，并尝试通过"理解信息—概括洞察—发现应用"过程对问题进行分析、类比、迁移。自主设定：…… 意志→学校要求：笃定、持续地向着自己的目标努力。自主设定：…… 素养→学校要求：确立适合自己的学习方式与生活规律，高效学习、健康生活；明确责任担当对自我发展的价值，能够将愿望转化为切实的行动力；敢于、乐于理性面对问题，勇于探索，善于质疑，努力运用自己的知识、原理和方法构建较为严谨的逻辑去认识事物、解决问题、指导行为等。自主设定：…… 学业→学校要求：全科目能够达到90分（百分制）以上成绩要求，优势科目争取满分。自主设定：……
	关键节点教育教学指导策略	课程设计：（1）学科课程教学；（2）素养课程教学 活动设计：（1）学校常规教育活动；（2）学部特色教育活动；（3）学生自主教育活动 指导设计：（1）集体指导；（2）小团队指导；（3）个体指导

附录 4

北师大实验中学社会实践活动课程方案

一、课程目标

北师大实验中学社会实践活动课程坚持立德树人的正确导向，强化实践育人功能，着力培养学生的社会责任感、创新精神和实践能力，促进学生全面而有个性地发展。引导学生积极、主动参与社会实践，在实践中开阔视野、学习知识、培育情感、增强能力，提高人文素养，切实培育和践行社会主义核心价值观。

1. 培养学生具有远大理想和坚定信念

进行历史与国情、中华优秀传统文化、民族团结、国防知识、国际视野和可持续发展等方面的教育，形成"个人幸福与民族兴盛休戚与共"的价值观，增强"将自身个体发展与国家社会发展相融合"的意识，增强文化自信，树立为人民幸福、民族振兴和社会进步做贡献的远大志向。

2. 培养学生具有自我意识和道德情操

进行认识自我、自我规划、战胜挫折、担当责任、团队合作、热爱劳动、勇于创新等方面的教育，建立良好的自我调节系统，促进良好个性形成；进行民主法治、公民意识、礼仪规范、感恩父母、帮助他人、热心公益、学习榜样、树立理想等方面的教育，建立积极稳定的道德情感，用实际行动践行真、善、美的道德操守。

3. 培养学生具有科学文化素养和终身学习能力

丰富人文积淀，发展理性思维，促进基础知识和基本技能的提高，不断提升人文素养和科学素养。敢于批判质疑，探索解决问题，勤于动手，善于反思，具有创新精神和实践能力。具有强烈的好奇心、积极的学习态度和浓厚的学习兴趣。能够自主学习，独立思考，形成良好的学习习惯和适合自身的学习方法。学会获取、判断和处理信息，具备信息化时代的学习与发展能力。

4. 培养学生具有自主发展能力和沟通合作能力

自尊自信自爱，坚韧乐观，奋发向上，具有积极的心理品质。养成积极健康的行为习惯与生活方式，珍爱生命，强健体魄。具有发现、鉴赏和创造美的能力，具有健康的审美情趣。学会独立生活，热爱劳动，具备社会适应能力。正确认识自我，具有一定的生涯规划能力。文明礼貌，诚信友善，尊重他人，与人和谐相处。学会交流与合作，具有团队精神和一定的组织活动能力，具备全球化时代所需要的交往能力。尊重和理解文化的多样性，具有开放意识和国际视野。

二、课程设置

1. 课程类别

北师大实验中学社会实践活动课程由"全学段'春秋游'社会实践活动""初二'学农'+'青春宣誓暨 14 岁生日'社会实践活动课程""高一'京津冀'社会实践活动课程""高二'拥抱祖国'社会实践活动课程""全学段自主式'寒暑假主题'社会实践活动课程(含"全学段'国际视野'社会实践活动课程")"五类课程构成。

2. 开设方式与实施设计

依据国家、学校培养目标并根据学生具体需求,设计具体课程的开设方式。根据学生所处学段的学习特点,设计具体课程的实施模式,一般以"学段学年"为单位设计实施。具体开设方式与实施设计规划如下。

附录4

学段	活动主题方向	时间建议	教育价值方向	活动规划建议
初一	新团队建设	8月	1. 新团队建设 2. 团结、友善、互助	1. 一天往返京内活动 2. 与入学训练共同设计
初一	文化主题实践	10月—11月	1. 放松身心 2. 涵养爱国情怀	一天往返京内活动
初一	自主发展	寒假	根据学段特点给出自主活动建议，如"体验年味儿"	
初一	亲近自然	4月—5月	1. 放松身心 2. 亲近山水	一天往返京内活动
初一	自主发展	暑假	根据学段特点给出自主活动建议，如"旅行规划"	
初二	科技主题实践	10月—11月	1. 放松身心 2. 提升学习和探索热情	一天往返京内活动
初二	自主发展	寒假	根据学段特点给出自主活动建议，如"感受亲情"	
初二	学工学农 14岁青春礼	4月—5月	1. 十四岁青春礼 2. 在实践中体验成长	1. 三天京内活动 2. 多主题综合实践
初二	自主发展	暑假	根据学段特点给出自主活动建议，如"行走世界"	
初三	增强勇毅	11月—12月	1. 放松身心 2. 面对困难，勇敢奋进	1. 一天往返京内活动 2. 拉练、徒步等勇毅活动
初三	自主发展	寒假	根据学段特点给出自主活动建议，如"规划自我"	
初三	亲近自然	4月—5月	1. 放松身心 2. 亲近山水	一天往返京内活动
初三	自主发展	暑假	根据学段特点给出自主活动建议，如"高中准备"	

续表

学段	活动主题方向	时间建议	教育价值方向	活动规划建议
高一	新团队建设	8月	1. 新团队建设 2. 团结、友善、互助	1. 一天往返京内活动 2. 与军训共同设计
	文化主题实践	10月—11月	1. 放松身心 2. 涵养爱国情愫	一天往返京内活动
	自主发展特色发展	寒假	1. 根据学段特点给出自主活动建议，如"学科思考" 2. 根据班级特色，可设计以班级为单位的外出活动 3. 如有特色外出活动需要提前向学校申请、报备	
	亲近自然	4月—5月	1. 放松身心 2. 亲近山水	一天往返京内活动
	拓展视野	6月	1. 拓展视野，增长见识 2. 感受跨学科实践学习	1. 三天左右京内活动 2. 多学科综合主题实践
	自主发展	暑假	根据学生发展需要给出自主活动建议，如"文化游学"	
高二	科技主题实践	10月—11月	1. 放松身心 2. 提升学习和探索热情	一天往返京内活动
	自主发展特色发展	寒假	1. 根据学段特点给出自主活动建议，如"专业探讨" 2. 根据班级特色，可设计以班级为单位的外出活动 3. 如有特色外出活动需要提前向学校申请、报备	
	亲近自然	4月—5月	1. 放松身心 2. 亲近山水	一天往返京内活动
	拓展视野	6月	1. 拓展视野，增长见识 2. 感受跨学科实践学习	1. 五天左右出京活动 2. 多学科综合主题实践
	自主发展	暑假	根据学生发展需要给出自主活动建议，如"职业体验"	

续表

学段	活动主题方向	时间建议	教育价值方向	活动规划建议
高三	增强勇毅	11月—12月	1. 放松身心 2. 面对困难，勇敢奋进	1. 一天往返京内活动 2. 拉练、徒步等勇毅活动
	自主发展特色发展	寒假	1. 根据学段特点给出自主活动建议，如"高考规划" 2. 根据班级特色，可设计以班级为单位的外出活动 3. 如有特色外出活动需要提前向学校申请、报备	
	亲近自然	4月—5月	1. 放松身心 2. 亲近山水	一天往返京内活动
	自主发展	暑假	根据学生发展需要给出自主活动建议，如"大学准备"	

说明：

（1）每项活动具体的"活动主题""教育价值""活动计划"等须根据课程要求、学生特点、教育目的进行细化。

（2）"一天往返京内活动"指当天往返，不在外留宿，预算控制在20万元以内的社会实践活动。

（3）多天京内或出京活动是指需要在外留宿，预算超过20万元的社会实践活动。

（4）寒假、暑假的自主发展活动和特色发展活动属于"全学段自主式'寒暑假主题'社会实践活动课程"类，除"全学段'国际视野'社会实践活动课程"以外，原则上学校不做规模化组织，仅提供相关活动建议与指导。

（5）初一、初二或高一、高二10月—11月的"文化主题实践"与"科技主题实践"主题，可根据学部具体需要进行互换，具体设计以学部实际需要为基础即可，须做好安全保障工作。"文化主体实践"推荐故宫、博物馆、红色主题、古迹主题等活动；"科技主题实践"推荐航天综合实践、科技企业参与、科研院所参观等活动。

（6）初三、高三11月—12月的"增强勇毅"主题，学部可根据实际情况具体设计，推荐拉练、徒步等勇毅活动，须做好安全保障工作。

（7）4月—5月的"亲近自然"主题，学部根据需要做具体设计，推荐亲近山水的活动，期间适度设计爬山比赛、定向越野、小团队拓展等活动，须做好安全保障工作。

3. 学分（分数）认定

根据初中课程要求，初中实践活动共计60分，其中综合社会实践活动30分、开放性科学实践活动30分。"社会实践活动"既是"初中综合社会实践活动"的重要组成部分，也是"初中开放性科学实践活动"的重要组成部分。根据道德与法治、历史、地理三个科目的具体课程设计，"社会实践活动"至少20分（20—30分均可）；根据物理、生物两个科目的具体课程设计，"社会实践活动"至少20分（20—30分均可）。"社会实践活动"根据具体科目设计，按"5—6分/外出天"进行计分。

根据高中课程要求，高中综合实践活动共8学分（国家必修学分）+8学分（校本学分），其中"社会实践活动"7学分（0.5学分/外出天，高一、高二、高三共外出14天，含国家必修学分1学分+校本学分6学分），"社会实践活动"7学分中，包含校本研究性学习3学分（"社会实践活动"中研究性学习的3学分属于校本学分，分别在高一3天综合社会实践和高二5天综合社会实践安排相应的研究性学习，高一1学分、高二2学分；"社会实践活动"中的研究性学习学分可以作为国家必修研究性学习6学分的补充或替代）。高一军训外出的新团队建设属于军训学分中的一部分（军训要求≥7天，至少56课时，共3学分，其中国家必修学分1学分、校本学分2学分），不计入"社会实践活动"的7学分中。"社会实践活动"学分可以由寒暑假自主活动平行替代。在"社会实践活动"中需设计党团活动、社会考察等国家课程要求的综合实践活动（注：高中学分认定标准为

20 课时 1 学分。外出综合社会时间活动按每天 10 课时 0.5 学分计算。国家学分可用校本学分替换）。

三、课程内容确定的原则

北师大实验中学社会实践活动课程依据"跨学科主题学习活动""初中开放性科学实践活动""初中综合社会实践活动""义务教育综合实践活动课程标准""中小学综合实践活动课程指导纲要"等相关文件精神与要求，设计课程主要内容。

确定具体课程内容应遵循以下基本原则。

思想性。坚持辩证唯物主义和历史唯物主义，加强中国特色社会主义教育，充分反映习近平新时代中国特色社会主义思想，全面落实社会主义核心价值观的基本内容和要求，提升道德修养，有机融入中华优秀传统文化、革命文化、社会主义先进文化、法治意识、国家安全、民族团结和生态文明等教育，充分体现中国特色。

时代性。关注学生未来发展所需，反映马克思主义中国化最新成果、当代社会进步、科技发展和学科发展前沿，充分体现先进的教育思想和教育理念，运用现实真实问题场景，紧密联系学生生活经验，及时更新活动内容。

选择性。依据学生发展核心素养，精选学生终身发展必备的基础知识和基本技能。注重培养学生的学习兴趣、学习能力和探索精神，注重培养分析问题、解决问题的能力。充分考虑学生不同的发展需求，充分考虑学生实际选择需要，体现多学科知识的综合应用特点，满足学生不同学习需要，促进学生发展。

关联性。坚持"五育并举，融合育人"理念，注重研学课题内容选择、活动设计与学生发展核心素养养成的有机联系。关注研学游过程中德育、智育、体育、美育、劳动教育的联系与结合。

实践性。以"做中学，学中做，研学游一体化"的理念为核心，营造可以实践的学习场景，提升学生的动手实践能力，促进学生健康成长。

科学性。以科学思想为指导选择研学游内容、设计具体活动，发展学生思维能力与实践能力，促进学生终身可持续发展。